U0454018

跨越边界的学习

小学课程融合新探

李晓军　著

知识产权出版社
全国百佳图书出版单位

图书在版编目（CIP）数据

跨越边界的学习：小学课程融合新探 / 李晓军著. —北京：知识产权出版社，2019.1

ISBN 978-7-5130-5918-3

Ⅰ.①跨… Ⅱ.①李… Ⅲ.①课程—教学研究—小学 Ⅳ.①G622.3

中国版本图书馆 CIP 数据核字（2018）第 233197 号

责任编辑：国晓健　　　　　　　　责任校对：王　岩

封面设计：臧　磊　　　　　　　　责任印制：刘译文

跨越边界的学习
——小学课程融合新探

李晓军　著

出版发行	知识产权出版社有限责任公司	网　　址	http：// www.ipph.cn
社　　址	北京市海淀区气象路 50 号院	邮　　编	100081
责编电话	010-82000860 转 8385	责编邮箱	guoxiaojian@cnipr.com
发行电话	010-82000860 转 8101/8102	发行传真	010-82000893/82005070/82000270
印　　刷	北京九州迅驰传媒文化有限公司	经　　销	各大网上书店、新华书店及相关专业书店
开　　本	787mm×1092mm　1/16	印　　张	11.25
版　　次	2019 年 1 月第 1 版	印　　次	2019 年 1 月第 1 次印刷
字　　数	173 千字	定　　价	46.00 元

ISBN 978-7-5130-5918-3

跨学科学习，一场教育的革命

现在社会，站在街头，时刻都能听到人们在议论"学习"，什么是"学习"？怎么样去"学习"？立足当下，我们要学"什么"？这是困扰着无数学习者的难题。人们还说"创新"难，于是就有了"中国制造"转型"中国创造"的难。现在，是时候去反思一下了，这么多的问题，这么多的"难"，归根结底的症结在哪里？毫无疑问，答案可以在"教育"二字之中去寻找。

钱学森老先生曾说："人非草木，尤其是青少年，他们在进行学习、从事工作、努力奋斗的过程中，总会怀着各种各样的兴趣、情感、目的和梦想，构成其行为的动力。"发掘青少年的兴趣，去感受他们的情感，了解他们的目的，帮助他们实现梦想，那么，每一个青年便都会成为"人才"，"创新"就不再困难，"中国制造"的背后，就不再仅仅是亿万万名的机械劳动者，而是有着"中国创造"这股强大推动力的智慧靠山。追根溯源，谁去发掘，去感受？谁又能去了解，去帮助？无他，唯有教育。教育是人才的摇篮，是创新的推手，是社会进步、人类发展强有力的保障。那大家不禁又要发问：教育是否需要创新？教育如何创新？答案可以在这本书中去寻找。

跨学科学习是学生培养高尚的品德和陶冶情操、获得才智与创新能力的有效途径。其目的在于使学生面对新世纪各种变幻莫测、错综复杂的事物时，能够迅速做出科学而明智的判断与决策，并能不断有所发现、有所创新。从认识上、心灵上引领青少年走进崇高的思想和情感世界，使他们的身心都得到健康成长，以便日后面对各种艰难险阻和各种错综复杂的问题时，能够毫不畏惧，自觉地从爱国、自强、求真、奉献、务实中，激发出无尽的才智和力量，逐渐磨砺成为庸中佼佼、铁骨铮铮的栋梁之才。这是素质教育的核心，也是跨学科学习的重要目的。

跨学科学习是一场教育的革命，教师，便是实践者、变革者。

小学阶段的跨学科学习打通了学科的界限，从学生到教师，大家都敞开思路互相交流、互相促进，整合知识体系，各科学技之间都是相互渗透、相互促进的。人的创造性成果往往出现在这些交叉点上，所有知识的火花都在于此。由此，跨学科学习的研究与实践帮助学生从总体上、大跨度地、综合性地理解和掌握知识的规律。提供更多、更好的方法，以便让学生能够广开思路，系统地、创造性地解决各种复杂性问题。

听起来那么不可思议。但是，我们就是在实践着、创新着、收获着。因为，不管你愿意与否，作为一名教师，都身处这场教育革命的风暴之中。放眼望去，当今社会旧的知识很难应对新的挑战，单一的学科理论也不能完全适应新世纪复合型人才的要求。跨学科学习是教育发展的方向与必然。

学校实践探索可以说一直走在跨学科学习研究的前沿，学校的核心育人理念是"全人"的教育。所谓全人，即全面发展的人。学校一直以培养有道德、有知识、有能力、和谐发展的"全人"，以培养具有"真善美"品格，有能力担当社会责任和创造幸福生活的高素质人才为己任。在校长的带领下，学校积极实践的"跨学科学习"在小学阶段诠释了"全人"育人的核心理念。

作为学科教师，反观我们的课堂，是否真的在这场教育改革的风暴中摸索出新的模式，让学生在文化的氛围下，真正成为学习的主人？是否帮助学生融会贯通，在智力因素得到提升的同时，非智力因素一样成为贯穿在课堂教育中的主线？是否真的能够在课堂中，找到适合每个学生的学习方法，并加以引导，实现课堂的有效性与高效性？是否在我们课程教学这片热土上，把每个学生塑造成为了真正的"全人"？

关于教育，我们提出了太多的问题。在一所勇于改革的学校中，我们在积极地摸索着、实践着，也学习着、享受着，一开始，便从未停止，因为这场教育革命的风暴将席卷教育的每一个角落，每一位教育者、受教育者，每时每刻。"别裁伪体亲风雅，转益多师是汝师"，真正的教育是集大成的教育，是智慧的教育，是创造人才的教育，是不断创新的教育。跨学科学习这个理念我们会时刻萦绕心头，要让它不断地提醒着我们：有一场教育革命的风暴，愈发汹涌，作为教师，我们就在这场风暴的中心！

CONTENTS

第一部分　跨学科学习的理论基础

第二部分　跨学科学习的实践探索

第三部分　跨学科学习对学生核心能力的培养

第四部分　跨学科学习评价的研究

第五部分　跨学科学习的实践探索

第 一 部 分

跨学科学习的理论基础

第一章 学科本位面临的挑战

第一节 学科本位与教育功能

一、学科本位与知识本位

什么是本位？本位，是指责任范围，引申为标准、目标、定位。

1960 年以前，美国教育研究是以"学科本位"为价值取向的。它强调学科的独立性和重要性，把学科凌驾于教育之上，凌驾于人之上，学科成为中心，成为目的，学校教育、课堂教学成为促进学科发展、培养学科后备人才的手段。

学科本位具有知识量丰富，学科自身体系较为完备的特点，但也凸显出了不足：没有与其他学科有机结合，对学生的综合能力缺少锻炼。在我国基础教育阶段，学生所学科目繁多，又缺乏整合，过分强调学科的逻辑体系，必然会忽视学生的经验学习。

从国际科学教育改革历史可知，过分强调学科中心或学科本位，将课程设置的重点放在学科的完善上，很容易导致学习内容繁、难、偏、旧等，而教学也更容易侧重于知识的灌输，这无疑会影响学生学习的兴趣，使学生对课程产生畏难情绪。因此，课程的设置应以学生的发展为主，充分考虑学生的认知发展规律，而不过分强调科学体系自身的完备。

知识本位，注意各科知识内部的整体性和逻辑性，而忽视学生的接受能力和兴趣培养。学术界正在悄然发起一场变革，从学科相独立、界限分明，变成了一个相互合作的网络。我国新课改要求以学生为主体，关注知识技能、情感态度、价值观三维目标。因此，打破学科本位，从学生接受能力的角度来选择知识，提高能力，塑造人格。

二、学科本位与教育功能的悖论

教育是一种传递经验培养人的社会活动，其功能主要表现在两个方面：一方面是教育对个人的作用，即教育的本体功能；另一方面是教育对社会的作用，即教育的社会功能。教育的本体功能是教育本质的根本体现，是其社会功能得以实现的基础和中介。

杨贤江在他的《新教育大纲》中说"自有人生便有教育"。可见教育是随着人类社会的产生而产生的，是人类自我身心发展需要和参与社会活动需要的必然产物。因此，教育从产生之日起就具有传递生产经验和社会生活经验、促进新生一代成长的两种功能，是个人成长发展和社会延续进步的必要手段。

我们在分析教育功能之前，首先来弄清楚功能是什么，这是一个在多个学科中被广泛使用的概念。在哲学上，功能是指事物的结构所决定的该事物的特性和能力；在社会学上，功能是指某一活动或社会系统所发挥的作用，是一种客观结果。基于这两种观点，我们可以把功能定义为"构成某一事物或系统的因素，对事物或系统的维持和发展所产生的一切作用或影响"。有了对功能的认识后，我们就可以这样理解，教育功能是指教育对人以及由人所构成的社会所产生的一切作用或影响。这种作用或影响是一种能实实在在观察到的客观结果，教育功能是教育这一客观存在的社会意义。

既然教育功能是指教育对人以及由人所构成的社会所产生的一切作用和影响，因此从它所指向的对象，即人与由人所构成的社会，可以看出教育功能包括两大块，一是教育对个人的作用；二是教育对社会的作用。如图1-1所示。

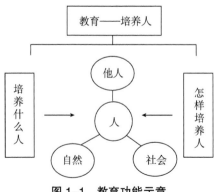

图1-1　教育功能示意

　　教育是培养人的过程。那么，培养什么人？怎么培养人？是不可回避的重要问题。简而言之，学科本位强调的是学科知识和学科技能，学生对学科的掌握即对技能的掌握；而教育功能是对人的塑造，包括人的思想、人格、体能、体态等。自古以来，人们就重视对人思想的教育，在传播知识的同时教人识理，使人向善。对学科本位的教授仅是教育功能之一，它不仅仅是知识的传授，更在传授知识的过程中对学生产生积极的影响，使学生思想得以升华，促其成长。而今天，世界多元化的发展，正需要"教书育人"，通过教授书本的知识与经验达到育人的目的，因而，育人是第一位的，是以人的发展为核心，与自然、社会、他人相知、相融、共育的过程。

第二节　学科本位的弊端

一、学科本位的特点

　　学科本位凸显学科特性，从教学标准来看，是分门别类的有系统的知识教育，如数学、语文、科学等。学科本位是以传授知识为主，按照常规的学科体系方式进行，强调学科的系统性，监控和考核以量化为标准；从教学目标看，学科本位关注学科知识的内容、学科价值，培养学科模式化的人才；从教学定位看，学科本位以学科为主干，定位于学科的理论和发现，知识结构呈网络状。

二、只强调学科本位带来的弊端

　　人类社会进入 21 世纪以后，伴随着知识经济时代的到来与社会发展进程速度的加快，人类面临的社会问题变得比以往任何时候更为复杂，同时也对人才提出了更高、更综合的要求，即：要具有终身学习的意识，具有科技与人文素质相融合、智力与情感相统一的完整人格与综合素质，对各种知识能系统掌握、互相渗透、融会贯通，具有综合运用能力与创新实践能力。

　　在我国小学课程结构体系中，分科课程占据着主导地位，与之相应，学校教研活动的开展也主要以学科性质的划分为基本依托。然而在倡导"课程综合化"理念的今天，越来越多的教育工作者已经认识到，尽管学科知识的分化反映了人们认识世界的不断深入，有其一定的合理性，但随着对知识认识的逐步深化，人们已经发现文化或学科知识的发展不是相互分割、彼此封闭的，而是相互作用、彼此关联的。反映在教研上，由于学科间缺乏必要的联系与整合，学校传统分科教研造成学科林立、知识分裂与片段化，一方面与现实世界中解决日趋复杂的自然和社会问题的实际相悖，另一方面与学生综合素质的全面养成以及对优化教师专业知识结构、促进教师专业素养的综合提升等方面所暴露出来的局限性日益明显。

1. 学科本位过分"割裂"知识，过分强化知识的理论性与工具性

学科分立建制，专业划分过细，各门学科专业的相对"隔绝"导致知识过分"割裂"，"知识在学科之间被分离、肢解和箱格化，而现实或问题愈益变成多学科性的、横向延伸的、多维度的、跨国界的、总体化的和全球化的，这两者之间的不适应变得日益宽广、深刻和严重。"❶过分强调学科的细分化，使得培养出的专门人才知识构成相对单一，缺乏比较广阔的视角，思考和处理问题的基础方式简单，创新能力匮乏。以往对学科本位的认识是单纯地以某一学科知识与技能作为教育教学的主体，并过分强化了知识的理性色彩和技能的技术作用，导致了知识技能的片面化倾向，造成了学生对知识与技能学习的恐惧与厌倦心理。

2. 学科本位易忽视"全人"的需要

单科性的"专才"教育模式容易忽视学生作为一个完整的人的全面发展需要，"过弱的人文陶冶、过窄的专业教育、过重的功利导向、过强的共性制约"，使得培养出的专门人才成为"单向度的人"，难以适应社会问题复杂化、知识应用综合化以及促进知识创新等新情况。

以学科为本位的教学把教书和育人割裂开来，教师容易以教书为天职，以完成学科知识传授、能力培养为己任，忽视学生在教学活动中的道德生活

---

❶ ［法］莫兰. 复杂性理论与教育问题［M］. 北京：北京大学出版社，2004.

和人格养成。教学过程不能成为学生道德提升和人格发展的过程，这是以学科为本位教学的最大失职。这种模式容易导致重视使学生掌握逻辑严密和条理清晰的知识与技能，忽视对现实世界的直接体验和真切体验。

改革教学必须进行价值本位的转移，即由以学科为本位转向以人的发展为本位的文化价值，学科本位论的错误不在于学科本身，而在于指导思想。学科教学依然要体现和重视学科知识的特点，遵循学科发展的规律，但是，教学一定要以人的发展为本，服从、服务于人的全面健康发展。见图1-2。

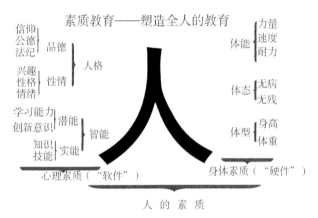

图1-2　全人教育塑造

我们知道，人的发展是多元的、全面的。要实现人的发展，需要其生理层面、心理层面、实践层面均衡发展，通过体育、德育、智育、美育等的教育过程，实现身体、心理、实践能力的共同发展，以适应社会对人综合素养的要求，学会学习、学会工作、学会生存、学会生活。

第二章　跨学科学习是社会发展的必然

第一节　什么是跨学科学习

一、跨学科的定义

什么叫"跨学科"，如何更加准确地定义"跨学科"？长期以来，国内外学者对其定义、内涵的理解可谓仁者见仁，智者见智。"跨学科"一词最早产生于 20 世纪 20 年代的美国，在英文中表示为 Interdisciplinary。西方学者 G. 伯杰对"跨学科"一词解释为："两门或两门以上学科之间的紧密的和明显的相互作用，包括从思想的简单交流到学术观点、方法、程序、认识、术语和各种数据的相互整合，以及在一个相当大的领域内组织的教育、研究。"❶ 我国学者杜俊民先生对"跨学科"的理解为："凡是超越一个已知学科的边界而进行的涉及两个或两个以上学科的实践活动，均可称为'跨学科'，因为'跨'的本身就表示跨介于传统学科之间或跨出传统学科之外。"❷ 相比之下，刘仲林教授对"跨学科"的认识则更全面更深刻，他认为跨学科有三层相互联系的含义，即："①打破学科壁垒进行涉及两门或两门以上学科的科研或教育活动，通称'跨学科'；②包括众多交叉学科在内的学科群，通称'交叉学科'；③指一门以研究跨学科规律与方法为基本内容的新兴学科，通称'跨学科学'。"❸ 本书对"跨学科"的定义为：超越两个或多个学科边界，在一

---

❶ G. 伯杰. 跨学科——大学的教学和科研问题 [M]. 法国：国际经济合作与发展组织与法国教育部，1972：22.

❷ 杜俊民. 试论学科与跨学科的统一 [J]. 科学技术与辩证法，2014（4）：56–59.

❸ 刘仲林. 现代交叉科学 [M]. 杭州：浙江教育出版社，1998：67.

个领域里进行的教育、研究。

二、跨学科学习的定义

在结合不同学者分析的基础上，本书对"跨学科学习"的定义为：打破学科壁垒、超越原有的学科边界，进行涉及两门或两门以上学科知识有机整合的学习活动。"打破""超越"是对"跨"一字的本质与意义的实现；"两个"或"两个"以上是对"量"的要求；"有机整合"一词强调学科间、学科知识间的有机联系而绝非简单的硬拉拼凑；随着社会的进步、科学的发展，人们需要打破学科之间的封闭状态，运用多学科知识去解决一些复杂问题。

第二节　当今社会发展对跨学科人才的要求

时代的进步证明，一个国家的国际实力不仅在于自然和物质资源的优劣，很大程度上取决于国民的创造性和服务的能力，取决于人自身的知识、能力和智慧。人才问题，是社会发展中一切问题的前提和关键。具体来说，当今社会发展对人才的需求有以下几个特点。

一、人才需求质量和层次越来越高

所谓高层次人才，是指在人才队伍各个领域中层次比较高的优秀人才或处于专业前沿并且在国内外相关领域具有较高影响的人才。高层次人才是知识创新、技术创新和管理创新的核心，有着区别于一般劳动力的不同特征。

随着技术的不断进步和社会的发展，提高人才的素质与质量日益重要。特别是在知识经济中，劳动者的素质，即他们受教育的程度、技术创新能力和经营管理水平，对经济增长起着更为关键的作用。

二、对人才综合研究能力的要求越来越高

随着全球化时代的到来，任何单一的国家和地区在应对某一特定问题上再也无法独立完成，在现代科学技术研究发展中，科学上的重大突破、新学

科的产生、技术上的重大革新以及新的科学技术生长点，大多是原有单一学科综合交叉研究的结果，而当今的许多重大问题的解决，也都是在跨学科科研的基础上完成的。以上的社会现实就要求了现代人才需要具备综合研究能力，只有这样，才能适应现代社会的需要。

三、对人才合作探究能力的要求越来越高

社会的高速发展需要个体的探究与团队的合作。社会成员相互合作，激发行动热情，挖掘个体潜能。信息量的增大，让每个人都积极主动地去探索、去学习，社会成员在互补中相互促进共同提高。团队合作往往能激发出团体不可想象的潜力，集体协作创出的成果往往能超过成员个人业绩的总和。

而深入地合作探究才能带来创新与变化。简单来说，合作探究可以提高效率，发挥个人的创造性，为社会带来更大的效益。同时合作探究也可以摆脱一些旧体制的束缚，如独立个体行为带来的信息传递不畅通等。由此，对人才合作探究能力的要求越来越高。

第三节 跨学科学习是社会发展的必然

现如今，社会的发展状况和教育发展程度关系密切，如何提高教育质量已成为全世界共同关注的话题。随着科技的进步，当今社会对人才的需求类型发生了重大改变，让学生适应、满足、改变社会已是大家关注的重点。仅依靠某一类学科知识来解决一些问题已经不再可能，人们在解决某一个问题时所需要的跨学科、跨领域的知识越来越多。因此，要想有效解决问题，人们就必须拥有综合性的知识体系和跨学科的思维方式。

一种学科视角过于单一，解决问题的角度也势必狭窄。然而，现实社会是具有综合性和复杂性特点的，仅仅站在一个学科的视角已经无法解决现实中的众多问题和现象。这就要求人们必须具有跨学科合作的视野，通过跨学科的方式对知识进行重组，打破学科间的不合理界限。为了适应社会的这一发展趋势，当前我国基础教育已经进入深化改革阶段，新课改提出小学以综

合性课程为主。通过多学科联合培养的方式，培养具有跨学科知识、具有较强综合能力的全能型复合人才。

一、知识观的变化、知识类型的演进和知识的增长方式影响着教育教学的发展

在知识观方面，人们越来越认识到人类知识的多样性、相对性。当代知识的发展也逐渐从 19 世纪、20 世纪的分化走向综合，跨学科知识已经成为重要的知识分支领域。在知识的获取上，主动探究成为重要的方式，被动接受的学习方式已经与社会的发展、知识的发展不相配合。在知识类型方面，社会的知识转型要求学校重新思考教育的价值，要求新的课程模式与之相适应。

现代知识要求学校课程打破分科课程一统天下的格局，采用课程整合的形式，把科学知识的教育同社会、哲学、文化、历史教育等融合起来，创造跨学科的课程范式。同时也要求课程不应忽视学生个体的知识、本体的知识、民间的知识。

知识的增长方式也变成非积累性的、可质疑的、非线性的、批判性的与动态的。知识的增长方式所发生的巨大变化决定了把一切知识教给学生已经是不可能完成的任务。跨学科的合作符合人类知识增长的曲线，反映了影响人类知识增长因素的复杂性，也反映了知识与社会生活关系的整体性。

二、提升学生的综合能力是学生发展的需要，是时代的要求，是素质教育的基本任务

教育的作用在于启迪心智、传播知识、确立人生价值，最终实现人类的进步。随着社会的发展、教育改革的不断深入，关注人的全面发展、综合能力的培养越来越迫切。学校教育正处在一个高度全球化、科技化、多元化的时代，处在知识、经济、信息、网络迅猛发展的时代，处在一个竞争与挑战、机遇与希望并存的时代。培养综合能力强、素质高、复合型、创新型人才是新的时代对学校教育提出的需求。由此，我校以"为学生的终身发展与一生幸福"为核心理念，实施"全人教育"。即培养全面发展的人、身心健康的人、和谐发展的社会人。

20 世纪末，中共中央国务院提出要"深化教育改革，全面推进素质教育"，中共中央、国务院《关于深化教育改革全面推进素质教育的决定》指出："实施素质教育，必须把德育、智育、体育、美育等有机地统一在教学活动的各个环节中。学校教育不仅要抓好智育，更要重视德育，还要加强体育、美育、劳动技术教育和社会实践，使诸方面教育相互渗透、协调发展，促进学生的全面发展和健康成长。"❶ 这句话客观地阐述了素质教育的基本任务，即培养和提升学生的综合能力。并且，我国在推行素质教育的同时，教育评价机制和考试内容都在向着促进学生综合能力培养的方面迈进。2016 年《中国学生发展核心素养》正式发布，提高学生综合能力成为教育者的使命和责任。

三、跨学科学习是响应新课改的积极举措

在世界范围内大规模的基础教育课程改革浪潮的推动下，我国也大力推进基础教育课程改革。新课改主要有六大方面改变：课程目标、结构、内容、实施、评价、管理。新课改的目的就是要在 21 世纪构建起符合素质教育要求的基础教育课程体系。新课改不仅对学生的学习、课程的设置提出了更高的目标，对于教师的教学能力也提出了新的要求。跨学科合作，适应了科学发展综合化的需要，消除了传统课程中忽视各学科之间相互联系的现象，使相关学科的有关知识、能力，相互渗透，融为一体。跨学科合作可以普遍提高学生的学习参与度和兴趣，有助于改善同学关系，进而促进班集体健康发展，能够推动学生智力因素与非智力因素的和谐发展，并对学生综合能力的提升具有重要而积极的意义。

新课程改革的深入呼唤新型的教育教学方式。传统的学科内教学作用不可替代，但其在应对复杂的教育问题及发展学生综合素养方面的作用有限，同时易产生教师专业视野窄化和教学创新后续力不足等问题。随着研究的深入，传统学科内的教学研究获得创新的难度逐渐加大，而学科交会地带能涌现出大量的值得研究的新问题和创新点。这种新问题和创新点，对由于受到长期的学科训练而形成思维定式的教师来说是非常宝贵的，有助于他们跳出

---

❶ 中共中央办公厅 . 中共中央国务院关于深化教育改革全面推进素质教育的决定 [Z].1999–06–13.

自己的学科范式，突破某一特定的理论立场，形成新的认识。不同学科的价值取向、思维方式、研究方法和发展历史的差异可以成为学科教学创新发展的新资源。与此同时，不同学科之间具有的文化共性，不同学科的教学理念、方法之间具有一种教育共性，这些可以成为实施跨学科教研的纽带。因此，寻找教科研改革的突破点，需要打破学科界限，开发一种新颖的跨学科教育教学方式，并形成具有基础性和辐射力的场域。

第三章　跨学科学习是学生成长的需要

第一节　学生的成长需要什么

一、通过跨学科学习获得的全面发展

信息时代，单学科学习局限很大，无法再满足时代需求，跨学科学习是未来创造者的必修课。跨学科学习，不仅仅是为了解决复杂问题，更是为了拓展认知世界，跨学科的知识融合更能带来更多的创新，促进学习者的多维思维、全面发展。

1. 全面发展的含义

教育，不仅要教会学生书本知识，也要注重道德素质，注重能力和兴趣的培养，这说明了教育应该是全面的，应该是促进学生全面发展的。全面发展即人的全面发展，指人的体力和智力的充分发展，与片面发展、畸形发展相对。

鉴于人的全面发展是一个人不断表现和实现自己的需要、能力、社会关系及个性的历史过程，我们可以由此出发剖析人的全面发展的含义。第一，人的全面发展是人的活动及人的需要和能力的全面发展。第二，人的全面发展是人的个性获得全面发展。人的个性产生于具有社会历史性的生产劳动中，具体的社会阶级关系制约和决定一个人的个性。只有到了理想社会，人的个性才能充分发挥。第三，人的全面发展是人的社会关系取得全面发展。现实的人在本质上是一切社会关系的总和。随着社会的进步，人们的社会关系由贫乏转向丰富，由封闭走向开放，由片面变得全面，并协调发展。

2.人的全面发展包括个性的全面发展、社会关系的全面发展

人的个性指人在社会关系中所形成的表现方式。其特点具有个别性、个体性和特殊性。从心理学的角度看，个性在社会关系中会形成不同的心理现象，不同的人在个性的某些方面表现有所差异，每个个体都有自身独有的特点。个体不仅需要生存，也需要发展。个性发展是个体在需求、性格、能力、兴趣、习惯、价值观念、价值取向等方面形成稳定的特殊性。马克思强调："社会的每一成员都能完全自由地发展和发挥他的全部才能和力量，人终于成为与自己社会结合的主人，从而也就成为自然界的主人，成为自己本身的主人自由的人。"❶

马克思指出："人的本质不是单个人所固有的抽象物，在其现实性上，它是一切社会关系的总和。"❷ 所谓社会关系，是指："人与人之间的关系。它包括与人的生存和发展相联系的一切历史的、现存的、自然的、社会的条件和关系。其中与劳动相联系的生产关系、经济关系以及在阶级社会中的阶级关系是最基本的关系。"❸ 因此，人的全面发展也就是人的社会关系的发展。这种社会关系区别了人的本质和地位。只有社会关系强大起来，个人个性特点才能突出，个人才能在不断与他人的相处中，获得更多的能力，才能使自身在不断发展的过程中更加强大。社会关系决定了人的社会地位和角色，可见，人与社会关系是紧密相连的。

只有促进个性发展，正确处理好个性与群体之间的关系，才能充分发挥人的主体意识，才能激发出人的想象力、创造力。在个性发展过程中，人的发展只能依赖于生存的现实社会，不能脱离现实。无论个体形成何种生活习惯、发展何种独特人格还是何种不同能力，都必须以尊重并遵守人类共同的基础价值规范为标准，遵守国家宪法和法律准则。显然，这正是与人的全面发展的内容密不可分的。人的全面发展的基本标准就是发展的共性的基础性标准。由此，全面发展就是一种共性发展。

---

❶　马克思，恩格斯.马克思恩格斯全集［M］.北京：人民出版社，1979：443.

❷　同上书.第2卷.北京：人民出版社，1995：60.

❸　同上书.第46卷.北京：人民出版社，1979：36.

学生的全面发展也遵循着人全面发展的轨迹。学生在个体成长过程中，由好奇、兴趣激发原动力，在教育实践中不断地建立起自信心，体验快乐和满足，获得成功，不断地成长。同时，这一过程也满足了作为学习个体原始的内驱力：好奇心、感兴趣。

学生的全面发展需要跨学科学习来获得。在跨学科学习中，与他人合作，与学科融合，在这一过程中，学生个性特点突出，获得更多的能力，自身在不断的发展过程中更加强大（见图1-3）。

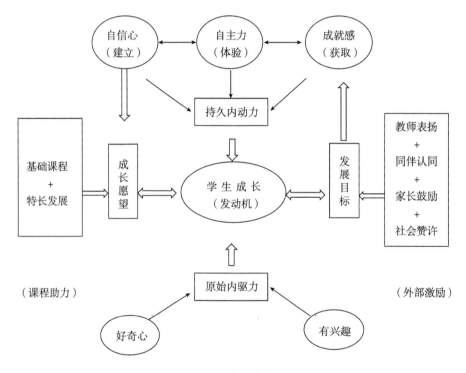

图 1-3　学生成长动力图

二、学生的成长需要具有综合能力

现代社会，学生不是掌握的知识太少，而是掌握的知识太多，但却没有运用这些知识进行有效的思考。今天的学生将要面对未来的需要，选择、理解运用、创造是一个复杂过程，更需要具有综合能力。

1. 综合能力定义

智库百科定义，综合能力是指对所掌握的各种知识和信息进行综合考察、整理分析、取舍重组和科学抽象的能力。能否具备高度的综合能力，是衡量是否通才及其社会效值大小的标准之一。山东省教研室卢巍老师提出，从人的终身发展来看，"综合能力就是个体适应和改造自然与社会的能力。它直接表现为求知的能力、做事的能力、表达交流的能力、创造创新的能力和自我反省的能力。其本质是人关于认识和改造自然与社会的知识技能、方法策略、情感态度与价值观体系"。北师大金盛华教授从"未来人才的性格和能力倾向模型"角度分析得到未来人才应具有的 14 个特征，其中包括：独立、理性地选择价值目标的能力；广泛的社会经验和完整的生活概念；对变化和可能性的高度敏感性；自我定向能力；主动适应能力；对不明确情境的耐受性；抗拒压力与耐受挫折的能力；社会角色意识与沟通能力；人际关系调整能力；高文化高道德修养；善于竞争与合作；专业知识和技能等。简言之，综合能力是各种能力的有机结合和升华。教育四大支柱"学会认知，学会做事，学会共同生活和学会生存"是这种综合能力的具体体现。

综上所述，笔者认为综合能力是跨学科合作中提升的学生的核心能力。包括与人交往的能力、信息处理能力、数字应用能力、与人合作的能力、解决问题的能力、自我学习的能力、创新能力、外语应用能力等。

2. 动手能力、思维能力、统筹规划能力的提升，促进学生综合发展

儿童的思维是从动作开始的，切断动作与思维的联系，思维就不能得到发展。小学生处于具体形象思维向抽象逻辑思维过渡阶段，通过实践操作，能够使所学知识"内化"为儿童大脑中的智力活动。在教育实践中，学生对物质进行加工、创造，并逐渐迁徙到生活之中。

小学生观察单一、片面，缺乏深刻性，通过不断地、有意识地训练，将会由无序观察逐渐向有序观察发展。

小学生的思维从以具体形象思维为主要形式逐步过渡到以抽象逻辑思维为主要形式，它们之间的相互关系随着年级的升高和不同性质的智力活动而发展变化。

现在的小学生大多数为独生子女，平时很少需要处理和安排事物，统筹规划能力得不到有效锻炼，在一定程度上造成了小学生统筹规划意识的缺乏或薄弱，最显著的表现为缺乏对任务顺序的统筹。小学生面对多个任务时，往往是先做最近布置的任务，而把先前的任务搁置；同时，面对突发情况时惯于遵循先前的既定计划，适时调整计划、重新统筹规划的能力相对薄弱。

从以上的现实可以看出，由于学生所处心理与生理时期的客观原因，综合能力的培养是亟待解决的问题。

第二节　跨学科学习是学生成长的需要

跨学科合作模式的建立，有利于将我国小学传统教师教研工作的重点从以往注重对书本知识的钻研，逐渐过渡到对学生主体性的关注上来，内容更加凸显对学生现实生活经验的重视，进而推动学生的全面发展与综合发展。因此，在跨学科合作模式中，教师着力于将课内与课外、书本知识与学生实际生活相融合设计教学，更有利于学生在学习过程中主动架构起知识网络，将所学知识加以贯通和串联，应用到实际生活中去，解决实际问题。

此过程有利于学生对学科知识的掌握，进一步激发学生学习的兴趣，培养学生获取基础知识与基本技能的同时，养成对所学知识的迁移应用能力、与他人交流合作的能力，实现对学生知识与技能、过程与方法、情感态度与价值观的整体关注，以促进学生综合素质的全面发展。

一、跨学科学习使学生掌握学科知识，形成完整的知识体系，养成良好的跨学科技能

当代复杂而又具有综合性的经济社会和科技问题是任何一门单独的基础学科都无法胜任的。科技的高速发展使学科之间在高度分化的基础上出现了高度的集中，学科之间的联系日益加强。因此掌握单一方向的专业知识是远远不够的。当今社会急需能够以解决实际问题为任务的知识复合型创新人才。跨学科人才具有深厚的理论基础，掌握多门学科知识，善于运用创新思维。

跨学科人才往往是最富有创新精神、最具有科学创造力的人才，是推动科学技术进步，促进社会、经济发展的骨干力量。

跨学科学习旨在使学生掌握随着课程的综合而生成的学科界限模糊的跨学科性知识，并在获得知识的过程中进行个体能动性体验。该能动性体验可以使学生产生积极的学习态度。

在跨学科学习中，学生在认识和探究客观世界的过程中积累了丰富的经验并加以总结。掌握和运用别人的间接经验和知识，可以为学生将来的生活和工作打好基础，也只有熟练地掌握和运用基础学科的知识和经验，学生才能构建自己知识的高楼大厦。

与学科性技能相比，跨学科技能与学生的日常生活所需的各项实际能力联系更紧密，它更重视实践型。良好的跨学科技能可以使学生更快地把所学的知识运用于生活实践，从而更好地适应社会，避免传统课程中常见的分数和能力不符的现象。

二、跨学科学习发挥学生的差异优势，综合提高学习效率

群体中的个人相互依赖记忆某些信息，从而使得每个人掌握的信息和知识容量极大地增加。丹尼尔·韦格纳最早提出的交互记忆概念，指的是来自不同知识领域的信息进行编码、储存、检索和交流活动的共享认知劳动分工。当处于一个群体中的个体了解到群体其他成员所拥有的专长时，获取和编码与专长相关信息的责任就自觉地以一种内隐或外显的方式交给最适合的成员，此时群体中的交互记忆就产生了。有研究证实，这种团队交互记忆的产生，可以在一定程度上减轻团队成员认知上的负担，却又使他们获得个人所能单独掌握之外的专业知识和信息，进而有利于提升团队绩效。

团队交互记忆的产生与团队绩效之间的关系给予了小学跨学科合作很好的启发：在跨学科教研合作中，学生拥有不同的兴趣爱好，不同的思维习惯，团队异质性较高，知识储存量较大，更有利于团队交互记忆的产生。这样，学生在相互交流过程中，可以共享两种信息：成员个人拥有的知识；团队其他成员拥有的知识。在跨学科合作中，当团队成员需要某项信息或者知识但自己记不起来，抑或是怀疑自己的记忆是否准确时，他们便很自然地向团队

拥有所需专业知识背景的其他团队成员"取经"。在某种意义上说，跨学科合作中交互记忆系统也可以看作团队成员之间形成的一种彼此依赖的，用以获得、存储、运用来自不同域知识的合作知识系统。它在增强团队成员对团队信息能力处理的同时，也使得自身在相互交流中增进各自的记忆，从而达到改善学习质量、提高学习效率的良好效果。

三、跨学科学习发展学生的实践能力、对知识的综合运用能力与合作能力

学生在跨学科学习中形成和发展的综合运用知识能力和创造意识，主要是指他们对零散或杂乱要素进行整合，并在此基础上创造新的成果的能力和知识。换言之，在现实生活中处理最基本问题的过程，就是学生利用跨学科知识处理问题的过程。

现代社会的发展趋势需要社会成员具有主动合作的意识与能力，但是分科课程自身固有的特质，使其只能无奈地面对社会发展的这种现实要求。跨学科课程在此方面具有独特的价值，它能为学生的集体活动创造充分的机会和条件。在这种活动中，学生的组织和参与意识和能力都将得到充分发展。

通过跨学科学习，学生将能够深刻认识自身知识的不足和发展情况，站在不同学科的角度解决问题，深刻理解不同学科知识之间的内在联系，用一种批判性的思维看待问题、解决问题。在跨学科合作中，每个学生都在一个共生单元内，存在一种相互促进、相互激发的作用，这种作用可加速系统内成员的进化创新，并产生新的物质。跨学科合作就是促进在不同学科之间、各学科与学科系统之间在相互理解、相互促进中的"进化"，自我完善、自行趋优，不断提高自身的复杂度和精细度。

跨学科学习有助于培养学生灵活的理解能力和技能。学生不仅是知识的消费者，还是知识的创造者、生产者。基于问题的跨学科合作，实际上是一种自我导向的学习，这种学习方式，能够让学生成为学习活动的积极参与者。在学习的过程中，学生会发现自身的知识缺陷，不断更新自身的知识构成，从一种状态向另一种状态发生转变。他们在跨学科交往与合作中改变思想观

念、学习行为，加大创新力度，形成一种个体单元的相变，研究方式、群体面貌为之一新。长久的教学实践中，逐渐养成自主探究、合作交流的能力。

总体来说，跨学科学习在培养学生解决复杂问题的综合能力方面，以"问题"为导向进行知识整合。当代社会发展中面临着许多亟待解决的重大问题往往具有普遍性、整体性、复杂性、深刻性和严重性的特征，它不仅超越了传统的学科界限，有的甚至超越了国界，成为全球性问题。面对诸多复杂问题的现实需要和挑战，以单一学科人才为培养目标的传统分科教育的知识体系在解释现实问题时并不能完全胜任。

总之，在各学科之间架起桥梁却又不排除各学科特征的学习内容的跨学科合作，既符合现代科学的发展，又符合学习者的需要。它更符合现代科学的特点与学习者的心理及人生观的需要。同时，跨学科合作突出了教育内容中的关键性概念，消除了某些无用的重复，由此提高了学生的学习效率。在跨学科合作中增添了教育内容的灵活性，有利于新因素的引进和知识的应用，使学生获得的知识在实用性方面有显著的提高。对学生实践能力、知识的综合运用能力与合作能力的发展起到了至关重要的作用。

第二部分

跨学科学习的实践探索

任何一种实践活动都不可能是独立的，更无法要求凌驾于其他实践活动而处于优先地位。作为科学领域的分支，"学科"自然也是毫无例外。学科虽有边界，但其想要保持自身活力、寻求长远发展，就必须突破边界的限制，不断地创新。不同的学科之间在保持自身独特性的前提下，又彼此开放而形成一种依赖关系，这便为跨学科学习与实践提供了现实的土壤。就教育教学来讲，随着不同学科实践类型彼此间依赖性的增强，单纯的学科力量并不能很好地解决教育教学问题，更需要融合一种综合的视角去思考与解决教育教学问题，因此，学校的跨学科学习应运而生。北京市京源学校小学部在跨学科学习校本研究中，结合跨学科行动研究的指导策略，将"合作、实践、创新"三元素作为跨学科校本研究的基本点，进而引发教师教学方式和学生学习方式的深刻变革，最终依托课程整合、主题实践、校本开发三大实施策略，形成如下三类实践课程，分别为：学科共有知识的跨学科课程、主题实践课程和兴趣超学科课程。该校的跨学科校本研究，通过跨学科课堂教学、跨学科年级联动、跨学科案例反思、跨学科主题实践活动等多种策略，积极探索高效的跨学科合作与教学模式，探索提升学生综合能力的方法策略，研究学生综合能力的评价体系等。在实际操作中不断修正和完善，最大限度地体现多学科的有机融合，调动学生多感官的综合运用，促进学生多元化的能力提升，进而形成跨学科学习的综合素质。

第四章 学科边界

第一节 超越学科"边界"的跨学科

学科有两种含义。其一，即学术分类，指一定科学领域或一门科学的分支，如自然科学中的化学、生物学、物理学；社会科学中的法学、社会学等。学科是与知识相联系的一个学术概念，是自然科学、社会科学两大知识系统（也有自然、社会、人文之三分说）内知识子系统的集合概念，学科是分化的科学领域，是自然科学、社会科学概念的下位概念。其二，指高校教学、科研等的功能单位，是对高校人才培养、教师教学、科研业务隶属范围的相对界定。边界，则指领土单位之间的一条界限。

所谓学科边界，就是"学科间的研究范畴的区别，就是一学科和他学科间的界限"❶。学科边界与学科密切相连，在边界内，也就是在学科内，学科的研究是自由的，但也是在一定范围内的自由。学科边界规定了学科的研究领域，同时也限制了一门学科的功能。法国学者 E. 莫兰在《关于跨学科性》中对"学科"做出这样的解释："学科是科学知识领域内的一个组成部分，在科学范围内确定自己的研究领域和特长，迎合科学各方面的需要。尽管科学涵盖百科，但每一个学科由于有自己特定的学科界限，有自建的学术用语、研究方法和理论，所以都是独立的。"❷

学科的形成伴随着学科制度的建立。学科制度是规范特定学科的科学研究的行为准则体系和支撑学科发展与完善的基础结构体系，前者称为学科制度精神，后者称为学科制度结构。华勒斯坦等人的研究指出，"学科的制度化

❶ 石欧. 艰难的发展——被边界困住了的教育［J］. 高等师范教育研究，1999，11（2）：21.

❷ 江小平. 法国的跨学科性研究与模式［J］. 国外社会科学，2002（6）：21-27.

进程的一个基本方面就是，每个学科都试图把它与其他学科之间的差异进行界定，尤其是要说明它与那些在社会现实研究方面内容最相近的学科之间究竟有何分别"❶。在学科制度下，知识的产生和体系的规划都受制于学科门类以及体制内的权力和利益关系。这种权力和利益关系引发了学科内的各种矛盾，各学科学者自觉或不自觉地选择一个特定的学科作为自己的学术立身之本。学科制度就成了本学科内成员的保护网，对内起到规训作用，使学科内的从业者不能轻易僭越学科边界，将更多的学识奉献给其所属的学科；对外则限制外人入内，贸然进入者很难得到广泛接受和认同。随着学科制度对学者规约不断强化，在圈内成员认同和内化并进而自我强化后，学者的边界意识逐渐强烈，最终分割出相对独立的"学术领地"，学科边界随之形成。

第二节　学科边界的"硬边界"与"软边界"

由于学科制度的存在，学科作为一种社会建制，它的边界划分并不像在地图上画一条一条边界线来表示各自所拥有的学科地域那么简单，它有显性和隐性的特征，有"硬边界"与"软边界"之分，产生了软硬两个方面的问题。学科的"硬边界"主要是指：有专科院校或师范院校，有一大批专属的学者、专属的学术团体和刊物，以及专业人才培养体制。各学科区别于其他学科的"硬边界"清晰可见，学科边界似乎已经不再是问题。学科的"软边界"就像人的思想一样，思想不明确，或说其研究的"主体意识"薄弱，则其学科可能就会被殖民化，学科地域就可能被慢慢蚕食掉，被重新分配。但如果能合理有效地利用"软边界"的研究策略、研究效果或者说教学成果，则会事半功倍。华勒斯坦曾在社会科学者协会的年会上注意到，来自不同学科的学者所提交的论文题目"惊人地相似"，所不同的是学者们在标题的名词性短语后面加上"的社会学""的人类学""的历史学"等后缀而已。论文内容的差异远不像想象或声称的那样大。可以想见，学科之间所谓的边界并不是有些学者所想象的那样，存在着无法跨越的"硬边界"，更多的是学者内心所持的学

---

❶ 华勒斯坦．开发社会科学［M］．上海：三联书店，1997：32.

科立场,以及在学科传承过程中,科学共体所形成的学科文化而自发构成的"软边界"。

学科是一种知识体系,而学科的边界能促进学术的专业化和精深化,间接地保护学科和知识的"尊严"。但学科并不是包罗万象的,它的边界也会限制学术的创造性,曲解或片面化地理解问题。在意识到各研究主体的综合性和复杂性及学科边界对学术思维的束缚作用后,跨越学科界限的"跨学科"成为化解单一学科困境的重要途径。随着单一学科的研究问题日益复杂,研究内容日益深入,科学研究不再局限于学科内部,而是要跨越学科边界,与邻近相关学科交叉发展,表现在单一科学的分支学科也会渐次增多。以体育学科为例,体育与心理学就分为体育心理学、运动心理学和锻炼心理学,再细分又可分为学校体育心理学、运动竞赛心理学、体育保健心理学、运动心理卫生学等分支学科。而体育科学的双重属性则必然要体育学与自然学科、人文社会学科交融、渗透。体育中的众多科学问题、社会问题、人的问题在学科内是难以解决的,需要跨越学科界限,借助其他学科的知识和方法,对体育中的问题和现象做出整体的、综合的理解。法国学者布迪厄就明确指出,"理论知识具有局限性,在进行科学说明时,要表明这些科学的局限性和产生这些局限性的原因。为弥补传统学科的知识局限性,促进特定学科的创新和发展,学者们对学科分化和学科边界划分进行反向操作,用跨学科研究的方法积极融入生理学、社会学、管理学等相关学科的研究理论和方法,以拓宽研究的广度和研究的深度;运用系统论、信息论、控制论等横断科学,以加强研究的科学性和系统性"❶。

学科要发展,要保持自身的活力,就要突破边界的限制,不断地创新。学科"作为社会必需的人类实践形式,由于它们多方面相互依赖性而构成了人类赖以保持和推进其自身存在的基础"❷。然而,任何一种实践活动都不可能是独立的,更无法要求凌驾于其他实践活动而处于优先地位。为此,不同的学科之间在保持自身独特性的前提下,又相互开放,形成一种依赖关系。

❶　P.布迪厄,L.D.华康德.实践与反思:反思社会学导引[M].北京:中央编译出版社,1998:102.

❷　底特利希·本纳.普通教育学——教育思想和行动基本结构的系统的和问题史的引论[M].上海:华东师范大学出版社,2006:9.

这使得专门的科学研究成为必要，以便在研究特定学科时，能够突破单一学科的限制，以一种开放的视野和综合的眼光审视问题。就教育教学来讲，随着不同实践类型彼此间依赖性增强，单纯的学科力量并不能很好地解决教育教学问题，更多的是需要融合一种综合的眼光来思考教育教学问题。但在当前学科制度的影响下，学科边界在圈定了学科的研究领域和研究范式的同时，也规训了研究者的学科立场，强化了边界意识。这种细分的学科界限和森严的间隔限制了学科的功能，导致学科与学科之间的分离。不同学科的科学研究互不来往，对学科的局部认识越来越精细，而对相关科学的整体认识则依旧不清。这种人为的对知识的简单划分限制了学术的穿透力和学术人员的开放性，阻碍了对知识的探求。学科间的分离也造成了理论与实践的分离，理论学者逐渐远离了实践的战场，学科研究较多的是在故纸堆中依靠"逻辑思辨"的方式生产学术成果，学院化、书斋化成为主要的学术生存方式。更有甚者，在不破坏当前学术伦理规范底线的前提下，将"跨学科"作为一种写作方式，把社会学、经济学、管理学的研究思路、专业语言等套用、移植过来，改成某某学科的语言，以此来制造"新知识"和"新成果"。这样的"跨学科"固然可以借用其他学科的理论、方法和研究模式来思考问题，有其存在的价值，但这种简单演绎制造的理论，只是数量上的增加，并不是以知识创新产生理论的理想方式。所以，要想在教育学领域实现"边界破除"并"整改融合"，则一定是将诸学科的主体特色有机联合，从而实现教学效果最大化。

第三节　学科边界与跨学科

学科边界与跨学科是一对矛盾的统一体。学科的形成和发展需要边界来维护，学科边界对学科发展至关重要，划不清界限，就有可能造成其他学科的入侵，但学科的发展不能只囿于学科内，那是故步自封，学科要创新就要跨越学科的界限，融入到整个科学发展的洪流中。当一门学科在寻求自身突破和发展时，就需要和其他学科相互交融以寻找突破点和新的生长点。对学科的划界起到实质性的影响是内在的学科文化，它直接影响着研究者对所从事的学科的心理认同。有学者曾提到："作为学科群体的一员，就其本质来说，是身份认同和个体责任感，是'生存在这个世界里的一种方式'，也事关'定义一个人生命中大部分事情的文化框架'"❶。为此，要巩固学科边界，就要强化学科的自身特点，突出学科的独特性，积极培养学科范式，强化学科研究的专业化水平。而学者及教育者要以"求真悦学"的态度，怀抱对学术的崇高理想，重建学科认同感和学科立场的自觉，以追求纯粹的知识为研究的真义，加强对学术研究的自我反思，将学科的独特性积极地转化为学术实践，形成学科知识的可靠性，进而转化为理论的解释力和学术的影响力。

学科边界是学科成熟的标志，而学科的独特性是学科边界的根本体现。诸类科学在把握学科独特性、凸显学科边界的同时，要积极探索跨学科的路径和方式，以寻求学科外向发展的基础。在增强特定学者学科归属感和强化学科立场的同时，培养研究者打破学科束缚的创新精神，以寻求学科发展的内在动力。随着社会的发展、教育改革的不断深入，关注人的全面发展、提高综合能力的培养需求日益迫切。学校教学是学科融合的中坚力量，所以学校学科发展在强化学科边界意识的基础上，要打破学科壁垒，消除传统课程中忽视各学科之间相互联系的现象，进行学科间交叉、融合，调动学生各个感官的运用，促进学生综合能力的提升，在把握教育普适性、独特性的基础上，把握大趋势下科学教育的发展方向，这对于引领未来学校教育走向可持续发展也是大有裨益的。

---

❶　托尼·比彻，保罗·特罗勒尔.学术部落及其领地：知识探索与学科文化［M］.北京：北京大学出版社，2008：50.

第五章　跨学科教与学的实施策略

国家新课程改革的目标之一提到："改变课程结构过于强调学科本位、门类过多和缺乏整合的现状"，使课程结构具有均衡性、综合性和选择性。北京市也提出了新课程设置的意见，其中实践课程大大增加，作为学校该如何推进新课程改革的深入、如何探索新的教学模式，便成为我校的新课程研究重点。跨学科校本实践与研究，成为我校教学探索的新课题。

第一节　跨学科教学的实施策略

跨学科就是要打破学科壁垒，消除传统课程中忽视各学科之间相互联系的现象，适应科学发展综合化的需要，使相关学科的有关知识、能力，相互渗透、融为一体，如图 2-1 所示。

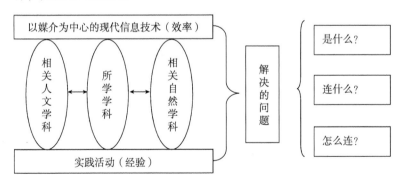

图 2-1　上下贯通，中间相连

这是以本学科为基础，上接天下接地，中间相互连接的一种方式。本学科的内容与相关人文学科和自然学科联系起来，以现代信息媒介来解决实际生活问题。

学校为开展跨学科实践研究，积极探索，所依托的指导策略大致有如下几点。

一、整合内容，明确跨学科学习的目标

目前学生所使用的内容，都是各科单独成为一门学科，其教材内容在不同教育阶段中依逻辑联系连续编排为一条直线。但学科之间其实有一些内容是相互联系的，将这部分内容进行整合，再依据学科目标，设计相关主题活动，无论内容如何选择，都要明确跨学科的学习目标，要能促进学生运用到不同学科的知识、技能来解决问题；要让学生在学习过程中理解学科的普遍性和深层结构，以及学科之间的相互联系；同时为未来学习做准备，学会批判性的思考。

二、联合教师力量，实现跨学科学习有效设计

教师的个体文化带有明显的个性与特色，它代表着教师自身所特有的价值取向、思维方式、教学行为等。迈克尔·富兰曾提醒人们："在走向更大范围合作的时候，我们不应该看不见个人主义的'好的一面'。独立思考和独立工作的能力对于教育改革是非常重要的，最新的思想往往产生于多样性和在团体边缘的人。"❶事实上，教师间的"差异性""独特性"正是促成团队成员间实现专业分享与交流的重要因素，如果每位团队成员身上的知识体系、教学风格、教学经验等都大体相同，那么成员彼此之间的专业分享与交流不仅显得没有必要，而且也很难焕发出应有的活力。因而，在跨学科研究实践过程中，我们应当避免用非此即彼的思维模式来处理教师个人特性与团队共性之间的关系，对教研团队中每个教师身上的个性与特色应予以承认、尊重、利用，为教师个人思想观念的表达提供一定的空间。再者，跨学科合作校本研究，引领教师关注学生已有认知、关注学科间联系，打破单一学科的界限，各学科教师共同研究，形成学科联动的教师协作共同体。大家展开集体研究、共享资源、碰撞智慧、更深入地挖掘学科内容，并拓宽视野，重

---

❶　迈克·富兰.变革的力量——透视教育改革［M］.北京：教育科学出版社，20001：45.

新定位教学目标以及教学方式，为教师的专业发展助力。变教师"单兵作战"为"团队合作"，形成学科联动的教师研究协作共同体，实现团队效益最大化。

三、依托教育媒介，建设跨学科学习资源库

在我们身边蕴藏着诸多丰富且具有教育价值的资源，作为教师，应有一双善于发现资源的"慧眼"与一种珍视资源的意识。每一位教师的个性与特长不同，拥有的知识结构与教学经历不同，面对相同的教学任务，所表现出的教学方法、教学策略、教学智慧自然也不尽相同。由此可见，不同学科的教师是可以从彼此身上找到帮助自己教得更好的资源，恰如其分地为自己所用，从而实现更为优质的教学。因而，在跨学科教研过程中，要强化教师教研的合作分享意识，团队教师要有开放、合作互助的心态，乐于与团队其他教师实现教学资源的分享。其次，应加强教师对资源的发掘使用能力。教师除要注意团队成员的人力资源之外，还要开阔视野，留意身边其他的资源，这些资源既可以是物质的、精神的，也可以是综合性的。比如其他学科的资源、学生生活的社区、时下具有教育价值的热门话题等，教师要学会从不同角度重新认识资源，广泛收集、摄取资源中的营养，并根据学情和教情，经过仔细斟酌筛选之后，做出对资源的取舍和利用。此外，学校定期根据教研中收集、使用的各类资源的性质和运用情况进行分类整合，比如对启发性资源、素材性资源、研讨性资源、选择性资源、循环性资源及时登记，更要根据情况不断更新，便于教师教研时进行查找。学校要加强对教研资源的存储、创新与循环使用方面的管理，建立资源储备库。

四、形成"年级联动"机制，探索跨学科学习的实施路径

跨学科教学是教师与学生共同参与的联合协作的学科再造，以跨学科"年级联动"为机制开展跨学科教学活动是课程实施的一大路径。所谓跨学科"年级联动"，就是围绕一个中心主题，同一年级内多学科的教师组成研究小组，展开对所指向的共同题目进行加工和设计教学。这在一定程度上打开了教师及学生的思维及行为局限性，教师与学生在研究参与的过程中，一方面，可以变被动为主动，提高教师与学生的主观能动性；另一方面，可以变"单一学科教师"教授知识的"单一性"及"枯燥性"为"多种学科教师"传递知

识的"多元性"及"互溶性"，从而探索课程实施的新路径。在跨学科合作校本研究中，改变学校课程的无限制开发。在学科深度与学科广度上，形成"年级联动"机制，加强多学科之间的联系，呈现学科新的生命力。同时，"年级联动"机制在教师的合作研究方面，也会更大限度地激发教师潜能，激活其内在能量的"造血"，探索出学校课程实施的新路径。以"年级联动"为机制的跨学科合作学习，改变学生已有的被动接受学习的方式，以学生的问题、兴趣作为研究的话题，采用合作、探究、实践的方式，使学生将知识与生活相联，对原有知识的认知程度更高，兴趣更浓。同时，通过学科整合，打破单一学科的教学，多学科教师共同合作，共同研究，重组内容达成新的目标，使教育资源扩大化，教学形式更鲜活，让学生在合作学习中，发现问题、研究问题、解决问题，从而提升学生的综合能力。

五、建立评价制度，保障跨学科学习的综合效果

传统分科教研下的评价主要侧重于考查学生对事实性知识的掌握程度，而忽略了对学习者在学习过程中认知、情感、态度的形成与发展方面进行综合评价。而对知识掌握程度的考查，也更多地局限于以传统纸笔考试为主，注重考试分数的量化结果。在"知识本位"与社会"优胜劣汰"的考试制度影响下，对教师的评价也倾向于所教学生考试的成绩与升学率的结果上，缺乏多元与综合性的评价。小学跨学科教研是一种新生产物，难以用传统的评价标准与体系进行评价，因而要建立健全小学跨学科教研评价制度，充分发挥其导向激励作用。具体来说，在评价方式上，要实现评价方式的多样化。可将过程性评价与结果评价、定性评价与定量评价相结合，通过多样化和灵活性的评价方式从不同角度和不同层面上对评价对象进行评价，从而获得对评价对象较为全面的认识。在评价内容上，要凸显评价内容的综合性。不仅要关注教师所教学生的学业成绩如何，而且要关注教师解决问题、动手能力、参与积极性、操作能力等多方面的发展情况，对团队成员进行综合评价。在评价主体上，要突出强调评价主体的多元化。可将学校评价、学生评价、教师自评互评三者相结合，并根据评价主体的不同，在评价指标体系的设置上，侧重点也应有所不同。这种对评价的主体性、综合性、多样性和灵活性的重视，

有利于促使评价由封闭走向开放，符合小学跨学科教研的发展要求。

第二节　跨学科学习的实施路径

正如斯科特所说："对各术语的不同理解导致了人们对跨学科的不同理解。"我国学者刘定一把跨学科课程界定为：超越学科界限，以实际生活中的主题来组织课程，学生从中习得各种各样的知识、经验、技能的课程。学校在跨学科校本研究中，结合跨学科行动研究的指导策略，并将"合作、实践、创新"三元素作为跨学科校本研究的基本点，进而引发教师教学方式和学生学习方式的深刻变革。最终，学校在跨学科校本研究中，依托课程整合、主题实践、校本开发三大实施策略，形成如下三类实践课程，分别为：学科共有知识的跨学科课程、主题实践课程及兴趣超学科课程。三大实施策略具体如下。

一、国家课程整合——跨学科校本研究的切入点

以国家课程为基础，在有限的课时内，不是简单地叠加课程，而是通过教师合作，对各学科共有内容进行重组，融合国家、地方、校本这三级课程，产生联动效应，成为跨学科校本研究的切入点，使课程更具有生命力。如五年级"胡同里的汉字文化"，涉及品德与社会、写字和语文学科，将相关汉字内容的教学重新组合，赋予新的任务（见表2-1）。

表2-1　胡同里的汉字文化

学科	原有内容	整合目标	课时安排
语文	通过了解汉字演变及发展过程中的故事，感受汉字的有趣和神奇，了解汉字文化，并为纯洁祖国文字做力所能及的事	1. 通过参观了解胡同老字现字体特点及汉字含义，感受汉字的形态美 2. 在了解胡同汉字文化的过程中，感受到汉字的有趣和神奇，并为纯洁祖国文字做力所能及的事	2课时
写字	不同字体的书写方法，并感受汉字的形态美		2课时
品德与社会	了解胡同名称的由来及含义		2课时

从字的演变、字的发展、字的使用等不同角度认知学习，并带领学生走进琉璃厂、首博，将知识与生活相连，不仅对原有知识的认知程度更高，兴趣更浓。同时，培养了学生善于观察、体验汉字在生活中的应用的能力，增强其社会责任感。跨学科校本研究，通过学科整合，打破单一学科的教学，多学科教师共同合作，共同研究，重组内容达成新的目标，使教育资源扩大化，课堂教学更鲜活，既减轻了学生学习负担，又提高了课堂效益，促进学生综合素养的提升。

二、主题活动——跨学科校本研究的着力点

多学科课程模式，首先要尊重学科本身的知识和学习目标的达成，因此，它并没有将分科教学对立开来，而是以分科教学为基础，降低学科教学设计的难度，再通过同一主题下各学科的相互链接，突出教师对跨学科知识之间关系的把握与协调，整统多学科知识之间的联系，促进学生从多维度方向对主题进行学习和理解。例如，学校以"书香校园经典阅读"为主题的实践活动，在跨学科学习整体思路的基础上，进行跨学科合作校本研究，带动所有相关学科，产生集群效应，使阅读更深入，让书香更浓郁。又如，学校尝试以"中草药种植探究"为主题开展综合实践活动，推动阅读与跨学科校本研究的融合，弘扬中华传统；不仅如此，此实践活动还设立各年级联动参与机制，确立"中草药种植"各年级探究目标，各年级学生通过各自年段的学习，在思考探究、动手制作、种植等丰富的实践活动中，形成探究小组，研究自己感兴趣的中医药知识，提高动手操作能力、探究能力、合作能力，对中草药产生浓厚兴趣，弘扬传统文化（见表2-2）。

表2-2　中草药种植研究

年级	探究目标
一年级	1. 认识厨房常见药食同源的中草药，并了解其功效，激发学生的探究兴趣； 2. 在种植常见的葱、蒜等植物过程中，培养学生观察的意识
二年级	1. 认识谷物中常见的药食同源中草药，并了解其功效，培养学生的动手能力，养成观察习惯。激发学生的探究兴趣，培养学生健康科学的饮食意识； 2. 通过开展制作谷物画、种植小豆子等活动，学习观察的方法

年级	探究目标
三年级	1. 认识水果中常见的药食同源中草药，并了解其功效，养成探究习惯，培养学生收集信息的意识； 2. 通过小组合作制作水果拼盘、种植草莓等活动，培养学生的合作意识及健康科学的饮食意识
四年级	1. 认识花草中常见的药食同源中草药，并了解其功效，养成探究习惯，培养学生收集整理信息的能力，产生对中草药文化的热爱之情； 2. 通过开展制作香包、叶画等活动，提高学生的审美能力，学会用科学的态度生活
五年级	1. 认识树木中常见的药食同源中草药，并了解其功效，培养学生利用收集的信息解决实际问题的能力； 2. 通过了解中草药在传统节日的应用等活动，了解中草药文化的博大精深，产生宣传中草药文化的意识

三、校本课程开发——跨学科校本研究的新生点

跨学科学习校本研究坚信教育的两个信条，一是相信学生的兴趣不是学科定向的而是跨学科的，二是相信学校就是一个雏形的社会。因此，学校课程需要着眼于学生的兴趣和需要，对于学生兴趣浓厚又超越教材的内容进行校本研发。如《动漫课程》，其由来产生于学生对动画片的喜爱，爱看动画片，但怎样亲手制作动画短片呢？这个做法激发了学生的无限向往。也正是因为来源于学生的现实生活，《动漫课程》从启动就受到学生的喜爱。它开启了校本课程"动漫"之旅，在特定年级选择多学科分步实施，渐进完成的，每个学科任务明确，操作具体，学生有针对性地学习、制作、实践，可以亲身感受事物由静到动的全过程。两分钟动漫作品的生成，学生不仅可以享受到收获成果的快乐，还能感受到合作的意义、创新的魅力。因此，学校逐步开发出《绘本故事》《英语戏剧》《创意拼插》等具有跨学科学习的校本课程系列，逐步实现跨学科学习的校本研究，促进学生多元的发展。

第六章　跨学科主题活动的实践

第一节　什么是跨学科学习主题活动

　　跨学科主题活动是教师跨学科合作形式的一种，它是指以一个学科为中心，在这个学科中选择一个中心题目，围绕这个中心题目，不同学科的教师组成大小不一的教学研究组，形成新的伙伴关系，展开对所指向的共同题目进行加工和设计。多学科课程模式首先尊重各学科本身的知识和学习目标的达成，因此，它并没有和分科教学对立开来，而是以分科教学为基础，降低教学设计的难度。其次，通过主题的联结，突出教师对跨学科知识之间关系的把握和协调，通过统整多学科知识之间的联系，促进学生从多维度观察发现，加强对主题的理解和学习。

第二节　跨学科学习实践活动主题确立的策略

　　随着全球化进程的加快以及我国综合国力的提升，不同文化之间的交流与沟通日益频繁。然而，我国在基础教育阶段教育教学中仍然不够重视中华传统文化的熏陶，仍然存在着传统文化意识淡薄的问题。随着对学生核心素养内容的提出，我国教育越来越重视中华优秀传统文化的传承与发展，并把核心素养研究植根于中华民族的文化历史土壤，系统落实社会主义核心价值观的基本要求，突出强调社会责任和国家认同，充分体现民族特点，确保立足中国国情、发展中国特色。

　　因此，学校在逐渐认识到中华传统文化强大的渗透力、深入的影响力以及深远的传播力后，不仅强调优秀传统文化的价值，还积极探索中华传统文化与学科教学的有效融合。

通过一段时间的摸索尝试，我们以两个跨学科主题式教学为范例来具体阐述，分别是"传统文化主题下的中草药种植主题活动"和"经典诵读主题下的自主式阅读"。

我们在跨学科活动主题确立的策略方面，主要有以下考虑。

一、依据学生发展需要，确立活动主题

当下对学生提出了核心素养的问题，要求学生具有人文底蕴、科学精神、学会学习、健康生活、责任担当、实践创新六大素养。如果我们在课堂中只教授学生学科单一知识的话，就不能适应社会要求，学生的认识也受到很大的局限。教师要改变当前存在的"学科本位"和"知识本位"现象，在发展学生核心素养的引领下，加强各学段、各学科课程的纵向衔接与横向联合，帮助学生明确未来的发展方向，激励学生朝着这一目标不断努力，有力地推动核心素养的形成。因此需要我们改变课堂模式，跨学科学习的主题活动应运而生，我们通过开展各种主题活动来培养学生，使学生最终达到核心素养的目标要求。

中草药种植主题活动和经典诵读的主题阅读就是我们开展的众多主题活动中有代表性的两个。中草药种植主题活动涉及五个年级，我们依据学生年龄特点，与国家课程的设置相关联，力求设计符合学生需要的活动内容。

如一年级的"走进蔬菜王国"主题实践活动就来源于学生生活，是培养学生合理膳食的重要内容，从一年级开始让学生认识蔬菜名称及功效，养成不挑食的好习惯，并能根据自己所学知识，养成合理饮食的生活方式，更好地促进学生的身体健康成长。

经典诵读的主题阅读也同样依据学生年龄特点，低年级以阅读绘本故事为主，中年级可以阅读童话故事，引导高年级学生将同一题材的作家作品进行比较式主题阅读，各年段选择好阅读内容后，教师再依据内容制定相关的跨学科主题实践活动。

比如二年级的绘本主题阅读活动，老师带领孩子们阅读了《我妈妈》这本绘本故事。对于二年级学生来说，绘本是他们非常熟悉的读物。在阅读方

式方法上，无须过多介绍。这个年龄的学生阅读兴趣高，表达欲望强，相当一部分孩子喜爱绘画，并具有一定的绘画基本能力，因此语文老师带领孩子们读完绘本后，美术老师借助绘本，引导学生仿照作者绘画风格，创作自己心中的妈妈形象。通过绘制自己心中的妈妈，让孩子享受到绘本阅读滋养的同时，学习作者幽默诙谐、对比夸张的超现实的表达手法。

二、围绕活动主题内容，多种学科联动

中草药种植主题活动的开展方式是，每学期依据学生所学国家课程内容，开展相关主题活动，学科教师依据活动内容结合学科知识，在课堂上进行知识拓展，对孩子进行相应的指导。

比如四年级学生的主题活动是认识中草药中的花草，科学老师在课堂上讲解如何认识常见中草药植物；在社会大课堂活动时，学校组织中年级学生参观中草药种植园及北京植物园，老师及专家引导孩子们认识中草药植物；同时在秋天的时候，美术老师还组织学生做叶画展，孩子们通过做叶画，对中草药植物的外形特点有了进一步了解，也锻炼了动手能力。班主任还带领班里孩子种草药、养草药、写种植草药的感受及做叶画过程，这样孩子们的语言表达、动手实践、小组合作等多方面能力都得到了提高。

四年级的主题式阅读则选择了安徒生童话的主题阅读，通过语文阅读与音乐、美术、动漫学科的整合，帮助学生理解复述童话内容、感受人物性格品质。学生们在课堂上做绘本动漫，给童话故事情节配音、配乐。这样的主题活动打破了学科壁垒，消除了传统课程中忽视各学科之间相互联系的现象，适应了科学发展综合化的需要，使相关学科的有关知识、能力相互渗透，融为一体。阅读活动普遍提高了学生的学习参与度和兴趣，有助于改善同学关系，进而促进班集体健康发展，能够推动学生智力因素与非智力因素的和谐发展，并对学生综合能力的提升具有重要而积极的意义。

三、家校开展延伸活动，共促学生发展

中草药种植主题活动的开展，调动家长一起配合，在激发学生兴趣学习中草药知识的同时，也带动家长、老师形成更多的探究小组，研究更多自己感兴趣的中医药知识，形成家校合作，老师、家长、学生三方互学互助，共同促进。

低年级学生年龄小，观察种植中草药的过程离不开家长老师的帮助，于是各学科老师根据相关内容，设计了不同的实践作业。比如，一年级开展的"走进蔬菜王国"的主题活动，美术老师通过指导孩子们观察蔬菜画蔬菜，带领孩子们认识蔬菜的样子；语文老师、英语老师教给孩子们认识中英文蔬菜名称；家长周末就带着孩子一起外出购买蔬菜，巩固加深对蔬菜的认识；卫生老师则结合指导孩子们了解蔬菜的营养价值，让孩子根据自己学习的知识，与家长一起研究家庭健康菜谱；劳动老师在学校指导学生学习简单的种植蔬菜的方法，比如种土豆、芽菜的方法，然后孩子们在家与家长一起尝试种植家庭蔬菜。通过多学科联动，家校的互相配合，孩子们从认识蔬菜、观察蔬菜、种植蔬菜，到科学地烹制蔬菜，让孩子们对蔬菜有一个全面认识，我们所开展的中草药活动也得到了家长的支持与认可，学生也在家长学校的共同指导下，提高了动手实践能力、表达能力、合作能力。

第三节　中草药种植主题活动
实践环节的基本操作

中草药种植活动涉及全校一至五年级的学生，我们设计了跨学科学习的实践环节具体操作流程。即，教师确立主题，明确活动目标，多学科分二联动进行活动的实践体验，综合展示；学生在主题活动过程中建立活动愿景，分组结合，设计的活动目的，参与学科内容整合学习，制定行动策略，解决问题，并进行活动的自我评价。如图 2-2 所示：

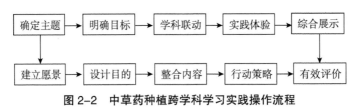

图 2-2　中草药种植跨学科学习实践操作流程

在开展跨学科主题实践活动时，我们会依据学生年段核心能力的培养目标，确立相应主题活动，并确定完成主题活动需要哪些学科的知识，然后通过相关学科联动，开展实践活动，最后通过综合展示，检测学生是否达到预期培养目标。

一、中草药种植主题活动

1. 中草药种植主题活动目标

（1）学生认识常见的中草药。

中草药种植主题活动涉及一到五年级学生，主要引导学生了解蔬菜、谷类、水果、花草、树木中的常见中草药。通过普及中草药知识，激发孩子们对中医药的兴趣。通过教师的跨学科合作，设计综合的主题实践活动，引导学生绘制、种植、观察、食用生活中常见的药材，了解其药用价值，了解中医药的博大精深，掌握基本的保健知识。

（2）培养学生的探究意识和创新能力。

开展中草药种植主题活动不仅是为了普及中草药知识，更是为了培养学生的综合能力。从学生终身发展的角度看，最关键的并非是掌握知识的多少，而是能否具备良好的思维方式与创新能力。在活动开展过程中，各科教师更注重鼓励孩子的钻研精神，同时注重学生信息的搜集与合作探究学习能力的培养，鼓励孩子可持续学习能力的发展。

（3）树立师生的健康生活态度和习惯。

中草药种植主题活动开展中一个核心的理念应该是关注生命健康，并将这种理念传递给教师和学生。教师教授中草药知识的同时，与学生一起掌握了基本的中草药知识，同时在此基础上对自己的身体状况有一个科学合理的认识，树立健康的生活态度，养成良好的生活习惯。

2. 主题实践活动具体内容

结合主题活动开展的目标，我们在校领导的指导下，开始了第一阶段的工作，着手编辑设计了中草药主题活动内容。

中草药种植主题活动定位于让学生通过了解身边常见的药用植物，感受中草药的神奇魅力，通过对药用植物的观察、绘制、栽培和标本的制作等实践活动，激发学生对中草药探究的兴趣，增强他们的观察能力和动手实践能力，逐步养成科学的思维方式，发展科学思维能力；同时培养学生的探究精神、合作能力、分享意识，发展学生的学习能力，为提高学生的综合素质打下基础。

我们设计的主题活动涉及五个年级，确立了五大活动领域，即蔬菜、谷类、水果、花草、树木中的常见中草药，每个领域分为四到五个单元内容，每学期教师选择一个单元内容开展相关主题活动，组织学生学习探究。（见表2-3）

表2-3 中草药主题活动的设计方案

| 学生培养目标 | 1. 通过主题活动的开展，让学生了解中草药相关知识，激发学生对中草药的探究兴趣；
2. 借助中草药活动，提高学生表达能力、动手操作能力、合作能力和分享意识，发展学生学习的能力；
3. 通过对中草药的了解，学习健康饮食习惯，树立科学健康的生活意识 | | | | |
| 活动内容 | 1. 认识中草药植物，发现小奥秘；
2. 制作中草药作品，动手展才华；
3. 种植中草药植物，一起来收获；
4. 运用中草药知识，发挥大作用；
5. 了解中草药文化，感受传统文化魅力 | | | | |

各年级主题活动内容安排	年级	单元内容				涉及学科
	一年级	根菜大家族	茎菜大家族	花菜大家族	厨房四辣	美术 劳动 语文 英语 品德 卫生
	二年级	走进五谷世界	药用谷物做贴画	播种药用豆类	消暑祛寒伴我行	
	三年级	水果中的中草药	水果大聚会	动手种草莓	识草药用草药	科学 美术 劳动 语文 英语 卫生
	四年级	中草药在花草中	制作中草药植物标本	铜钱草的养殖	闻香用草药	国学中的中草药
	五年级	树木也是中草药	巧手妙方做香包	了解种植鸡蛋花	草药与食疗	草药助兴过佳节

学生通过活动的开展，在思考探究、动手制作、种植等丰富的学习活动中，提高了动手操作能力、探究能力、合作能力，对中草药产生浓厚兴趣。

通过中草药主题活动的开展，在激发学生学习中草药兴趣的同时，带动家长、老师形成更多的探究小组，研究更多自己感兴趣的中医药知识。

3. 课时及内容安排

每学期每年级结合各学科教材开展一次主题实践活动；

所需课时：4~6课时。

4. 主题实践活动实施的步骤及效果

中草药种植主题活动内容确立后，我们引导学生从以下三个步骤进行学习。第一是识草药，通过了解身边常见的药用植物，感受中草药的神奇魅力，激发学生对中草药探究兴趣。第二是种草药，通过组织学生种草药，提高学生动手操作能力、合作能力和分享意识，通过对药用植物的观察、绘制、栽培和标本的制作等实践活动，发展综合学习能力，同时感受到种植的不易，激发学生对生命的热爱。第三是通过了解中草药知识，学习健康饮食习惯，树立科学健康的生活意识。

我们开展的丰富多彩的活动，采取生生合作、师生互动、学科联动、家校互助的形式，如图2-3所示。

（1）初识草药，激发学生兴趣。

认草药是第一步，也是整个活动的基础。我们采用家校结合从初识身边中草药开始，激发学生认识欲望，再通过学科联动、师生互动的方式，在生活实践中观察识别中草药，由好奇到专注、再到浓情，感受中草药的博大。实施基本流程见图2-3。

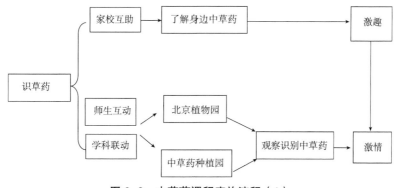

图2-3 中草药课程实施流程（1）

在低年级，因为学生年龄较小，所以主要是让学生认识生活中常见的中草药，比如认识好吃的中草药——蔬菜、谷物等。学生能够叫出常见蔬菜谷物的名字，并在英语老师、语文老师的指导下，知道蔬菜的中英文书写，在卫生老师的指导下，初步了解这些常见食物的中医药功用，能将自己知道的知识讲给家长同学听，并且将所学知识用到日常饮食中，认识到学校营养餐均衡膳食的好处，做到不挑食、不浪费。中高年级学生年龄较大，学校便结合社会大课堂活动，带领学生去参观中草药种植园、北京植物园，学生在科学老师的讲解下，了解中草药植物名称，通过美术老师的引导仔细观察，了解这些植物的特点及结构，能初步根据叶子、枝干的样子辨识中草药植物。还通过填写观察记录表，让孩子认一认、画一画植物园中的中草药植物，回到学校，同学们搜集并了解自己所画的植物的药用价值，制作成小报与全班同学进行交流分享。在秋天，美术老师还组织孩子们用自己熟知的中草药植物制作叶画。通过参观、绘画、搜集资料、制作叶画等系列活动，孩子们对身边的中草药植物有了更深入的了解。

通过这一系列的活动，学生能有意识地关注到身边的中草药植物，并对它们的功效作用产生了浓厚兴趣。我们收集了部分学生作品及照片，如一、二年级同学用蔬菜、谷物制作的图画，中年级同学制作的叶画等，不仅了解认识中草药，还成为作品创作的资源，展现学生才智，见照片2-1至照片2-4。

照片 2-1 一年级：和蔬菜做朋友

照片 2-2 二年级：种子画

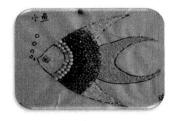

照片 2-3 二年级：小种子成长记

照片 2-4 四年级：叶画

（2）种植草药，培养学生能力。

种草药是第二步，学生结合小组，分工合作、种植中草药。在种植的过程中了解中草药的习性、观察生长过程并记录，为用草药做准备，实施流程见图2-4。

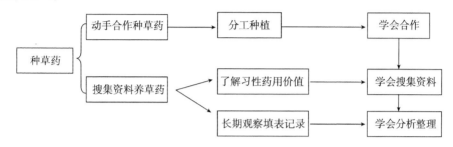

图2-4 中草药课程实施流程（2）

低年级的学生认识常见具有药用价值的蔬菜后，让学生和家长共同在家尝试种蒜、白菜等常见蔬菜，在家长的帮助下，美术老师的指导下用文字图画的形式记录植物生长过程，提高孩子绘画、观察、表达能力。

同时，我们还将家长请进校园，在低年级开展"小手拉大手，爱国爱校爱家园"的活动，孩子们与家长一起种植中草药，家长在指导孩子种植草药的过程中，对身边的中草药植物也产生了浓厚兴趣。

中高年级主要是在学校自己种植中草药，我们在班级配备了满天星、蟹爪兰、常春藤、芦荟等多种中草药植物，为了让这些植物能更好地生长，同学们选择了自己喜欢的品种，分成了养花小组，在语文老师的引导下还为自己的花取了好听的名字，记起了养花日记。在孩子们细心地呵护下，这些小植物正在茁壮地成长。这也大大培养了孩子的责任心，让孩子更富有爱心。

为了更好地养殖这些中草药植物，孩子们搜集了相关资料，了解植物习性，并向科学老师咨询养殖方法，在班主任老师的指导下，给花移盆，浇水，添加营养液，孩子们在动手实践过程中，小组合作能力、动手能力、搜集整理资料的能力都得到了锻炼。学校还定期组织交流养殖心得，孩子们将自己的养殖经验、感受和自己观察记录的植物生长变化与同学们进行分享，观察能力、语言表达能力、写作能力也得到了锻炼。同时，学生在养殖过程中，也感受到了劳作的艰辛，种植的不易。第一学期我们养殖的植物成活率仅为百分之五十，在经历了失败难过、总结经验的过程后，学生在第二学期的养殖成活率大大提高，有的孩子种植的三七还进行了分盆，看着自己养殖的植物越来越好，孩子们的成就感油然而生，同时也更知道了生命的可贵。

照片 2-5 细心照顾花草朋友

照片 2-6 和爸爸妈妈一起种草药

（3）利用草药，提升生活品质。

用草药是第三步，通过请专家进行中草药知识讲座，学生举办"小中医论坛"，加深对中草药价值的理解。同时，开展各种活动。例如，美食文化节、四季活养生等，不仅在活动中品知识、品生活、更品文化，也在活动中实现学生创美、赏美、尚美的艺术审美能力提高，实施流程见图 2-5。

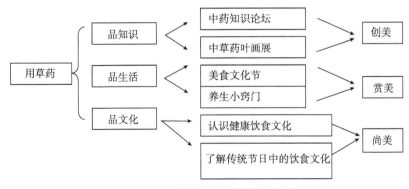

图 2-5 中草药课程实施流程（3）

当今社会人们的生活节奏快，生活压力大，很多人都长期处于亚健康状态，学校中也常见肥胖和营养不良的孩子。究其原因，主要是由孩子不良的饮食习惯和不健康的生活方式造成的，为此结合中草药主题内容，卫生老师引导孩子对生活中药食同源的中草药有了一定了解，孩子们也有意识地在改变着自己的生活方式和饮食结构。

孩子们通过了解交流中医养生知识，对健康的生活方式有了深入了解，通过开展叶画展，能根据叶子的形状推测出植物种类，并能知道植物的相关药性，以此加深对中草药植物的了解。

生活中的很多饮食也都具有药用价值，比如中草药主题活动中涉及的了解水果的妙用，学校组织中高年级学生进行了水果拼盘展示，孩子们根据水果的不同性质进行了合理搭配，还从美学角度进行了色彩搭配，并给水果取了富有诗情画意的名字。通过这项活动，孩子们更重视平时的饮食平衡，可以说，中医养生知识已经渐渐走进孩子的生活。

我国很多的传统节日都与中草药知识息息相关，例如五年级开展的主题活动，就涉及了与中草药密切相关的传统节日。五年级的同学们还为此举办了一场中草药饮食养生论坛，在班主任的带领下，孩子们把通过网络、电视、与父母家人交流，和从学科老师那里学来的很多关于中医养生的理念，传统节日饮食特点对人们影响的相关知识，进行了交流，从孩子们制作的小报和美食拼盘中，可以看出他们对中草药产生了浓厚兴趣，对传统文化有了深入理解。

照片 2-7 三年级：水果拼盘

照片 2-8 五年级：养生小报

二、主题式阅读实践活动

1. 主题式阅读实践活动目标

（1）通过主题式阅读活动，使学生对某一作家的多部文学作品或同一题材不同作家的文学作品有深入了解，拓展学生阅读的广度和深度。

（2）以语文教师为主，通过多学科教师的合作，利用绘画、音乐、计算机等多种手段，促进学生对文学作品的阅读理解，并提高学生表达能力、合作能力等多种能力。

（3）通过主题式阅读的开展，激发学生对某一位作家作品或某一类文学作品的阅读兴趣。

2. 主题实践活动具体内容

主题实践阅读活动内容的确定主要依据两个方面。

（1）基于教材，进行课内单元主题的拓展阅读。

如六年级学生学习了人物单元，对鲁迅有了深入了解，那么本学期教师就已有教材，设计了"走近鲁迅"的主题式阅读实践活动。通过在语文课上讲鲁迅故事、了解鲁迅的成长经历，计算机课上配乐朗诵赞美鲁迅的诗歌，美术课上将自己对鲁迅的了解绘制成小报进行展示，学生对鲁迅及其作品有了进一步了解。

（2）基于学校制定的课外阅读书目，确定课外主题阅读。

如四年级推荐学生阅读了沈石溪的动物小说系列，教师就可以依据这一内容，设计动物小说主题式阅读实践活动，既可以组织学生阅读交流沈石溪所有的动物小说，也可以将动物小说作家椋鸠十的作品与沈石溪的动物小说进行对比阅读。对学生们喜欢椋鸠十和沈石溪的原因进行问卷调查，并利用数学知识进行了统计。此外，还设计了动物小说阅读会，学生们还利用计算机知识设计了活动海报。

3. 课时及内容安排

每学期每年级结合各学科教材开展一次主题实践活动，需 4~6 课时。

4. 主题实践活动实施的步骤及效果

长期以来，学校以"书香校园经典阅读"的传统主题，在跨学科整体思路的基础上，进行跨学科合作校本研究，带动所有相关学科，产生集群效应，使阅读更深入，让书香更浓郁。经典阅读中的主题式阅读则在每学期老师推荐的阅读书目及教材中选择相关主题，通过多个学科，选择相应形式来深入阅读并交流、展示学生自己阅读的课外读物。

经典阅读在不同学科有不同的任务，从语文学科的名篇赏析，到品德课人物品格的研究，再到经典人物、场景制作、最后以表演的方式呈现，学生在多种形式品味阅读。主要形式见图2-6。

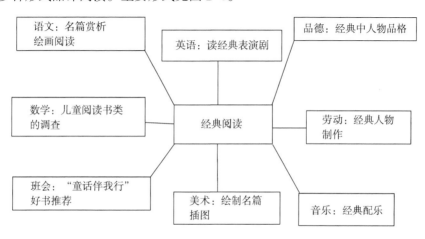

图 2-6　主要实践活动形式

下面以低年级绘本阅读为例，来阐述主题式阅读的具体实施。

1. 绘本阅读主题

我们小学部语文教师一起潜心研读了上百部绘本，将绘本按照四个主题进行分类，并精选其中的书目开展教学研讨交流，摸索出绘本阅读的方法和路径。

（1）爱的主题。

爱是人类永恒的主题。在众多绘本中，最常表现的是父母对子女之爱。例如《逃家小兔》《猜猜我有多爱你》《我妈妈》《我爸爸》《爱心树》等。崔红艳老师在教授《爱心树》一课时，引导孩子们细细地观赏画面中的形象、细节等，感受画面所流露的情绪，所表达的意蕴，了解大树对孩子的每一分关爱。当故事学完后，班里的淘气包小辰这样写道："读了这本书，我觉得这棵大树像我的妈妈，我就是树下的小花小草，妈妈用树荫为我遮挡炎热的太阳，我感谢妈妈为我付出的一切。"阅读令孩子懂得了《爱心树》中爱与被爱的真谛，知道了我们在接受爱的同时还要学会感恩，更要学着去给予。

（2）童趣的主题。

有人说，儿童文学是快乐的文学。儿童最不喜欢枯燥的讲述，他们需要有趣的东西。这一主题的绘本更适合于幼小衔接的一年级同学。例如《鳄鱼伯伯怕牙医伯伯》《母鸡萝丝去散步》《鼠小弟》系列等。

教学这一主题的绘本阅读时，我们着重引导学生观察绘本中人物的神态、动作，通过对比观察、细节观察的方法，提高学生的观察能力，并将学生这样的观察能力运用到口语表达、说话写话中，提高学生写作能力。

（3）成长的主题。

成长是儿童精神生命的主旋律，每个孩子都无法回避成长道路上的迷茫。如刚才介绍的《菲菲生气了》，还有《没有人喜欢我》《这不是我的帽子》等。

借助绘本，我们可以提高学生朗读能力。例如学生在朗读《菲菲生气了》这本绘本的过程中，一定会加入自己对语言的感悟，结合生活经验，将情感倾注到朗读中，朗读也是一种艺术的再创造。绘本阅读课后，我们经常在语文老师和计算机老师的指导下，将孩子们读过的绘本故事通过师生分角色朗读、学生独立完成等形式进行录制，在欣赏课上再放给孩子们听。我们利用这样的形式既培养孩子的朗读能力也激发了孩子们的阅读兴趣。

在阅读成长的主题这一类绘本的过程中，儿童得到了心理的契合和安慰，也寻找到解决问题的方法——坦然面对，无论是灾难、分离、恐惧、气愤，都要勇敢地面对，积极地生活，主动地调整。

（4）自然的主题。

这类儿童文学无疑能让人们重新思考人类在大自然中的位置，惊叹大自然的神秘与伟大，激发探索大自然的激情。例如无字绘本《海底的秘密》，这本书非常适合高年级的孩子读。阅读这本绘本，一定要跟上作者思维的步伐。可以说，无字绘本的信息量非常大，阅读的过程是对观察能力、推理能力和联想与想象能力的挑战过程。我们在引导孩子读这一类绘本时，不仅要引导他们读懂每一幅图，还要帮助他们把这些画面串联在一起读懂整本书、整个故事。书中很多看似漫不经心的细节，例如相机上的英文字母，照片中的人物服饰，都要学生通过查阅资料，了解时代背景，在读懂书中的暗示后收获破解谜题的快乐，对于绘本色彩搭配的含义，美术老师也给予了学生有力的指导。

纵观儿童绘本的四大主题，爱与成长最受关注，作品最多。在小学阶段的绘本阅读中，适合全年龄段的孩子阅读。环保、自然的主题是目前绘本创作的热点，吸引了中高年级孩子的目光，而童真童趣则渗透在语言风格、画面表现的方方面面，让儿童无时无处不感受到绘本阅读带来的乐趣。

2.绘本阅读实践形式

经过对绘本教学的不断研究，我们也渐渐形成了多学科合作的绘本阅读系列课程。低年级学习绘本，讲述故事；中年级品味图文，悟情明理；高年级创作绘本，创意表达。主要涉及学科有语文、美术、品德、计算机，主要有以下几种阅读实践形式。

（1）师生共读。

低年级的班主任常常利用午休时间给孩子们读绘本、讲故事；与孩子们一起共读一本书；语文老师和品德老师与孩子们一起创作、排演绘本故事。同时，小学部的语文老师通过研讨，也开拓了赏读型、表演型、想象型等诸多课型。

如《我妈妈》这部绘本属于情感表达类的绘本。在绘本中，妈妈的形象并不符合大众审美，对妈妈的描述也并非一味的褒赞，但是你会发现在这样一位妈妈身上总能或多或少找到自己妈妈的影子，所以更能引起我们情感的共鸣。在魏洁老师的课堂上，孩子们不仅得到了思维能力和语言表达能力的锻炼，更表达了自己对妈妈的爱。还在美术老师的指导下画出了自己心中的妈妈形象，孩子们还把画好的画带进品德课堂，在课堂中介绍自己妈妈的一日生活，这样贴近生活的主题，使得学生的参与不再胆怯，充满了真情实感。

（2）师生共画。

喜欢绘画是孩子的天性，绘本没有固定模式和题材，很能培养孩子的想象力和创造力，因此在接下来的绘本阅读课中，语文老师与美术老师进行跨学科合作，带领学生们走进了又一个崭新的阶段——绘本创作。我们也将绘本创作分为了几种，如给读过的文章配上合适的图画，形成简单的绘本。或

51

者在美术老师的指导下将自己生活中的经历用图画和简单文章进行记录，形成绘本日记。高年级的孩子也可以自己创编绘本。

（3）师生共品。

"少成若天性，习惯成自然。"在阅读文学作品时，老师有意识、有目的地引导学生在阅读过程中运用平时课堂中学的批注的方法，将自己从图画和文字中感受到的内容、想到的内容一一批注下来，比如学生在读《爱心树》时，感受到的大树的心情，通过图画中树枝的变化，感受到的大树给予孩子的爱这些批注对于学生来说就是一笔宝贵的财富，长此下去，学生的自主阅读能力得到了提高。

同时学过这一绘本的中高年级学生，还可以将自己的感受和绘本故事一起在班会时间讲给低年级的学生，既是一种跨年龄的阅读交流，又锻炼了学生的表达能力。

（4）师生共创。

语文教师与计算机老师、美术老师进行合作，带领高年级学生，将视频制作与后期配音结合，创作出绘本动画片《小绿狼》。

除了绘本主题式阅读外，小学部还开发了童话主题阅读、名家主题阅读等多种主题，孩子们通过主题式阅读实践活动的开展，不仅对阅读产生了浓厚兴趣，而且使自身的审美能力、表达能力、合作能力、信息技术的使用能力都得到了提高。

三、跨学科年级联动编写寒暑假实践作业

寒暑假可以进行跨学科的自主学习，每个年级不同主题的作业更能调动学生的兴趣，也能发挥学生的自主和创新。确定的主题作业见表2-4。

表2-4 学生的寒暑假作业

年级	寒假实践作业	暑假实践作业
一年级	《瑞瑞带你过大年》	《瑞瑞带你做环保 清清凉凉过暑假》
二年级	《小脚丫走春天》	《小脚丫闯天下》

年级	寒假实践作业	暑假实践作业
三年级	《送"福"迎新春》	《绿色家园》
四年级	《博物馆里过大年》	《今天我当家》
五年级	《楹联迎新春》	《读万卷书 行万里路》
六年级	《北京胡同文化》	

六年级同学写楹联，喜迎新春

四年级同学写春联、贴春联，开开心心过大年

照片 2-9　学生积极完成寒暑假作业

第七章 跨学科校本课程的实践

目前基础教育阶段普遍存在着单一学科教学，更甚的是关门教学，闭门造车，既不利于更新教育教学方式，也不利于反思教学。而学校则通过学科联动整合，打破单一学科的教学，多学科教师共同合作、共同研究，重组内容达成新的目标，使教育资源扩大化，课堂教学更加鲜活有趣，调动了学生的积极性，提升了学生多视角下的综合能力。本章将介绍我校跨学科校本课程研发和实践的总体情况，并以动漫课程为例进行较为详细的说明。

第一节 跨学科校本课程

跨学科校本课程指结合本校教学实际情况，由多学科教师共同研发和实施的校本课程。跨学科校本课程的研发和实施是我校教师跨学科合作的一种形式。在课程研发过程中，我们坚持"相信儿童的兴趣不是学科定向的而是跨学科的"和"相信学校就是一个雏形的社会"这两条教育信条，着眼于学生的兴趣和需要，对学生兴趣浓厚的但又在国家课程之外的内容进行校本研发。在有限的课时内，通过多学科教师共同研发，融合国家、地方、校本这三级课程，进而产生联动效应，使得课程更加具有活力和生命力。同时，在跨学科校本课程研发和实践过程中，我校始终紧抓"合作、实践、创新"，将此三元素作为跨学科校本课程研发和实践的基本点，引导教师教学方式的变革和学生学习方式的改进。

基于此，各学科教师通力合作，逐步形成了学校具有特色的跨学科校本课程育"全人"，课程体系如图 2-7：

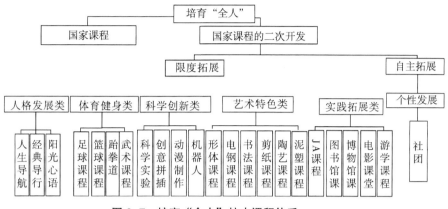

图 2-7　培育"全人"校本课程体系

学校课程体系一方面是开足、开齐高质完成国家课程；另一方面对国家课程进行二次开发，从六大方面构建校本课程，即人格发展类、体育健身类、科学创新类、艺术特色类、实践拓展类和个性发展类，形成二十余门校本课程和社团，满足学生发展需要。动漫课程是跨学科学习校本课的代表，呈现出学校特色。

第二节　跨学科校本课程案例——动漫课程

学校教师专门为学生开设的"动漫课程"，既与学生生活紧密相连，又具有神秘感、充满魔力。学校历经三年实践与开发的校本"动漫课程"，不仅从技术上学习制作，而且实现了多学科教师分步合作教学，成为最受学生欢迎的课程之一。课程中，每个学科任务明确、操作具体。学生有针对性地学习、制作、实践，亲身感受事物由静到动的全过程。两分钟动漫作品的生成，不仅让学生享受实践的收获成果，更能感受合作的快乐，创新的魅力。

一、动漫课程指导思想

（1）以科学发展观为统领，以马克思列宁主义、毛泽东思想、邓小平理论和"三个代表"重要思想为指导，紧紧围绕构建社会主义和谐社会的要求，弘扬以爱国主义为核心的民族精神和以改革创新为核心的时代精神，大力提倡社会主义荣辱观。以面向现代化、面向世界、面向未来的社会主义文化视野，继承和弘扬优秀民族文化传统，吸收和借鉴一切人类文明的优秀文化成果。

（2）以党的十八大报告"努力办好人民满意的教育"为指引，把立德树人作为教育的根本任务，培养德智体美全面发展的社会主义建设者和接班人。全面实施素质教育，深化教育领域综合改革，着力提高教育质量，培养学生社会责任感、创新精神、实践能力。

（3）美国哈佛大学教育研究院的心理发展学家霍华德·加德纳认为，过去对智力的定义过于狭窄，未能正确反映一个人的真实能力。他认为，人的智力应该是一个量度他的解题能力（ability to solve problems）的指标。根据这个定义，他在《心智的架构》（Frames of Mind，Gardner，1983）这本书里提出，人类的智能至少可以分成八个范畴：

①语言（Verbal/Linguistic）；

②数理逻辑（Logical/Mathematical）；

③空间（Visual/Spatial）；

④身体—运动（Bodily/Kinesthetic）；

⑤音乐（Musical/Rhythmic）；

⑥人际（Inter-personal/Social）；

⑦内省（Intra-personal/Introspective）；

⑧自然探索（Naturalist）。

我们以往的学科都能够包括其中的一项或者两项，比如语文学科对应语言，数学学科对应数理逻辑，美术学科对应空间，音乐学科对应音乐，体育学科对应身体—运动等。而动漫课程则基本可以囊括以上所有方面，让不同的学生在不同的领域展现自己，让所有的学生都能在动漫课程的学习中找到自己"天生我材必有用"的自信，促进学生潜能的开发，最终促进每个学生的优秀成长。

二、动漫课程实施目标

通过课程的学习，初步掌握动画制作原理、动画制作流程和相关理论知识，学会使用flash、PPT、剪纸、陶泥等多种风格方式制作简单的动画。通过剧本的创作、动画脚本的设计、动画原型、场景设计和后期电脑合成等过程提高学生的动手能力，发展学生的想象力，挖掘学生的创造潜能，培养学生的创新精神、合作精神，提高审美情趣和人文素养。

三、动漫课程教学内容

开学初，我们研制动漫课程的教学内容，分学期实施，经过一年的学习、四年级学生可以完成至少一部动漫作品，让学生感受跨学科学习的新奇。课程安排见表2-5。

表 2-5　动漫课学期安排

第一学期内容		
动画基础课程	1. 动画类型	2. 动画原理
	3. 动画制作流程	4. 动画分镜头的运用和鉴赏
小组实践制作	1. 剧本制作	2. 动画脚本制作
	3. 人物、场景设计	4. 动画制作
	5. 后期合成	
作品的展示和评价		
第二学期内容		
Flash 制作课程	1. 初识 Flash	2. 插入关键帧制作逐帧动画
	3. 制作移动的物体	4. 导入图片到 Flash
	5. 图层的有效使用	6. 改变物体移动的轨迹
	7. 其他的动画效果	8. 更多的动画效果
	9. 制作我自己的动画	10. 遮罩层的使用
	11. 文字效果的添加	12. 添加声音，带来视听震撼
	13. 完善初期动画作品	
风格各异的动画形式	1. PPT 也能用来做动画	2. 可爱的陶泥动画
	3. 中国传统的剪纸动画	4. 充满乐趣的简笔动画
	5. 翰墨飘香的水墨动画	
作品的展示和评价		

四、动漫课程合作学科

动漫课程作为学校跨学科校本课程，涉及六个学科，不同目标，分步进行，确保课程目标的实现。课程内容及课时安排见表 2-6。

表 2-6　动漫课所涉及的学科及课时安排

科目	内容	课时安排
语文	编制剧本	4
美术	设计场景	4
劳技	人物形象制作	4
音乐	配乐配音	2
计算机	合成制作	6

五、动漫课程实施策略

1. 以活动为载体，给学生搭建展示动画作品的平台

（1）开展社团活动，带领小学生创建自己的动画工作室，制作自己的动漫作品。

（2）筹划开展动漫节活动，带领学生参观动画公司，真正地感受动画的制作过程；举办 COSPLAY 大赛；举办校园动漫作品大赛，评选最佳导演、最佳影片、最佳剧本、最佳摄影、最佳美工、最佳音乐、最佳剪辑、最佳服装设计等，并举办颁奖晚会。

2. 建立动漫工作室

专门打造一间教室成为现代化动漫工作室，学生可以在这间工作室进行动画作品的创作、拍摄。工作室中专门开辟一块区域作为学生作品展区，将历年来学生的优秀作品、创作原稿等陈列展出。

六、动漫课程评价方式及具体评价内容

1. 评价方式

（1）形成性评价与终结性评价。

动漫教学的实践过程，是评价的一个重要方面，应予以充分关注，在学生制作过程中经常进行评价，可采用提问、讨论、表演等方式来进行。

（2）定性评价与定量评价相结合。

在教学和学生活动中，对学生学习动漫的兴趣、爱好、情感反应、参与态度，交流合作，知识与技能的掌握情况等，可以用较为准确的文字进行定性评价，也可根据需要和可行性，进行量化测评。

（3）自评、互评及其他评价方式相结合。

对学生的评价可采用自评的方式，以鼓励性评价和描述性评价为主。由于在学习过程中学生个体差异明显，因此，学生评价的标准应放在纵向评价比较上。

2. 具体评价内容

（1）开放性评价（自评、他评、师评）。

①是否是主动准备好课上所需用具；

②课上是否能积极参与活动；

③课上是否能主动参与小组合作学习；

④是否能积极参加各种形式的动漫活动；

⑤在同学面前，是否能大胆地展示；

⑥制作过程中能否担当相应的工作，并且认真负责完成。

（2）动漫成果展示会。

学生通过各种形式展示自己的动漫作品和制作过程中的收获。

七、动漫课程保障措施

1. 学校科研组织机构健全

学校成立由校长、教学主任、教务主任、教研组长为核心的课题实验领导小组，建立了"校长室—教导处—教研组—课题组—实验人员"协同攻关的教科研课题实施网络。

2. 足够的经费投入

学校拨出专项经费用于实验，能确保课程的顺利进行。

3. 规划科学，可操作性强，相关制度健全

学校制定课程总体规划及相关的教科研管理制度、职责等，各课题组制

订子课题实施方案及学期计划，在课程过程中要有记录、过程资料等，学校定期进行展评。

4.加强教师队伍建设，研究教师素质高

课题组精选具有一定理论素养和现代教育观念、乐于奉献的语文、数学、音乐、美术、计算机等学科骨干教师担任实验教师。学校也充分利用各种培训资源与机会，通过各种途径对教师进行科研意识与能力的培训；同时创设条件引导教师重视提高自身的素养及继承祖国优秀文化的责任感；并引导其学习领悟传统教育中的优秀思想、理论，进而化为今天的教育实践。

第三节　跨学科校本课程的实践经验

一、整体协调

跨学科校本课程需多个学科之间的合作和融合，同样以动漫课程为例，剧本编写涉及语文，人物设计涉及美术、剪纸、陶泥，配音配乐涉及音乐，真人定格动画的拍摄涉及体育形体，后期合成涉及计算机。同时动漫课程自身涉及的内容也非常广阔。可见，在跨学科校本课程的开发和具体实施过程中，对多学科进行整体协调是十分必要且重要的，其协调不仅是对自身内容进行整体规划和设置，也需要考虑该年段其他学科的设置情况，使该跨学科校本课程能够和该年段其他课程相辅相成、协调统一。

二、自主创新

跨学科校本课程要办出效果、办出特色，就需要自主创新。如学校的动漫课程，涉及面非常广，这就需要参与课程研发的教师根据自己本校的实际情况和优势资源，选择合适的知识面进行课程设置，在发挥本校优势资源的基础上，找到本课程的创新点。本校的剪纸课程、陶泥课程、美术课程都颇具特色，将这些特色课程与语文课程、信息技术课程通过动漫课程这条纽带相结合，充分挖掘学生的综合创作能力，把他们所想所思用多种风格的动画形式展现出来，不仅凸显了本校特色，而且有利于跨学科校本课程实践效果的提升。

三、团队合作

由于跨学科校本课程涉及多个学科，在课程开发和实践过程中，各个学科教师之间相互交流、合作的重要性就格外凸显。可以说，教师团队合作是跨学科校本课程实践的基础，没有各学科教师的团队合作，就没有跨学科校本课程，更谈不上跨学科校本课程的实践。另外，跨学科校本课程实践也推动教师协作共同体的形成。跨学科校本课程让教师进一步重视学生的学习兴趣和既有知识架构，关注学科间联系，教师通过打破单一学科的界限，共同研讨开发课程，分阶段合作教学等方式，逐步形成学科联动的教师协作共同体。

四、精心组织

跨学科校本课程涉及内容面往往十分广泛。动漫课程包括人物形象设计、动画制作、故事情节创作、网络游戏、图书小说、动画电影、周边玩具、人物配音、音乐制作、服装设计、动漫产业链等各个与动漫相关的领域。在如此广泛的内容中选取适合小学四年级学生的内容，并安排穿插，就是教师的职责了。只有去粗取精，精心组织，动漫课程才能真正起到启发学生、激发才能的功效。如若不然只能落入俗套、浮于表面。

教育应该顺应儿童自由和探索的天性，激发学生浓厚的兴趣、培养学生的好奇心、丰富的想象力和探究精神；锻炼学生的动手操作及设计能力；增强学生的合作意识，促进学生身心诸方面和谐发展，成为真正意义上的具有创新精神和实践能力的、有独立精神和自由思想的现代小公民，为培养创造性人才打好基础。跨学科校本课程的开展能够在多广度层次上激发孩子的各项智能，提升孩子的综合素质。学校也将在未来的跨学科校本课程开发和发展中不断完善，以求尽善尽美。

第八章　跨学科国家课程融合的实践

跨学科是指随着社会的进步、科学的发展，人们需要打破学科之间的封闭状态，运用多学科知识去解决一些复杂问题。"跨学科年级联动"是围绕一个中心主题，同一年级内多学科的教师组成研究小组，展开对所指向的共同题目进行加工和设计教学。

第一节　以"营养午餐"为主题的多学科融合案例

一、具体内容和实施策略

将四年级下册数学第八单元"平均数与条形统计图"、活动课"营养午餐"与四年级下册科学第十三课"饮食与健康"整合。知识内容包括：复式条形统计图，计算器的使用、估算，科学合理安排，认识热量、脂肪、蛋白质。

本次年级联动尝试把重要的数学思想方法通过学生可以理解的简单形式，通过生动有趣的营养搭配、调配系列活动而呈现出来，学生既懂得了科学、合理营养饮食的重要性，学会健康生活；又能感受到数学思想方法的奇妙与作用，此举可加强学生综合运用知识解决问题的能力和解决问题策略多样性的意识。

二、整合目标

第一，了解健康常识，知道吃好午餐的重要性；第二，能够正确分析午餐菜肴中营养成分，设计调配科学、合理的午餐食谱；第三，培养学生从繁杂的数据中，获取所需信息的能力，学以致用，学会健康生活。

三、课程安排

3月23日~4月3日（第四周、第五周）：科学课共2课时。学生能认识到食物中有热量、脂肪、蛋白质；营养金字塔；学会合理搭配饮食。

4月7~17日（第六周、第七周）：数学课共2课时（1课时新授课，1课时确定分组，讨论确定调查任务）。学生能认识到十岁儿童的午餐所需营养物质含量标准，评价自己的午餐结构是否合理，绘制本班男女生午餐情况条形统计图（见图2-8）。

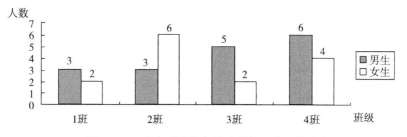

图2-8　四年级学生午餐饮食结构不合理的人数

4月20~24日（第八周）：四年级学生饮食情况调查，统计数据。统计四年级学生午餐结构合理和不合理的人群，在两类人群中男女生的分配情况。

4月27~30日（第九周）：数据汇总，出报告。

5月4~8日（第十周）：做动漫。

四、呈现效果

1. 自制调查问卷

营养午餐调查问卷

班级：　　　　　　姓名：　　　　　　　性别：

从以下9种菜中选择3种作为你的午餐菜谱；

（1）猪肉粉条　　　（2）炸鸡排

（3）土豆炖牛肉　　（4）辣子鸡丁

（5）西红柿鸡蛋　　（6）香菜冬瓜

（7）家常豆腐　　　（8）香菇油菜

（9）韭菜豆芽

我选择：_____（填序号）

2.统计图表

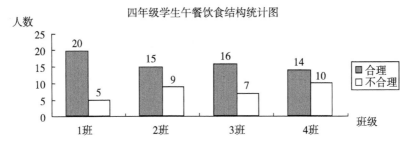

四年级学生午餐饮食结构统计图

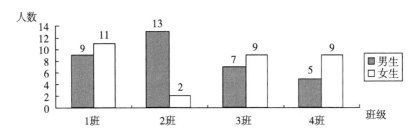

四年级学生午餐饮食结构合理的人数

3. 学生绘制的食物图

五、课程反思

"营养午餐"是小学数学四年级下册的一堂综合实践课。新课标改革后，更加重视提高学生的综合应用能力，因此对综合实践课有了新的要求：学生将通过所学的知识和方法去解决简单的实际问题，加深对所学知识的理解，获得运用数学解决问题的思考方法，并能与他人进行合作交流。

要突出"综合"这个特点，活动应以学科知识为支撑，社会生活为载体。数学本身就是来源于现实、扎根于现实、应用于现实的。基于这个原则，把数学学习与现实生活紧密联系起来。营养午餐是非常贴近于学生生活且有意义、有价值的题材，通过科学课上对营养成分的学习和了解，以及数学课上运用数学知识进行的数据整理和分析，学生能对营养午餐有更深刻的理解。学会学以致用，学会健康生活，这与现在提倡学生的可持续能力发展也是相吻合的。

此外，在课程中适时有效地开展小组合作，鼓励学生充分展示个性化的、科学化的配菜方案，让学生在操作中思考，在操作中创新，学会观察、评价同伴的方案，同时发挥团队作用，提高学生的合作意识，这些做法都在着力培养学生的综合能力。

第二节 以"数学与剪纸"为主题的国家课程融合案例

一、具体内容

将二年级下册数学第三单元"图形的运动（一）"、"生活中的数学"板块与"剪纸"进行整合。

"图形的运动（一）"，属于空间与图形领域，包含认识轴对称图形、图形的平移、旋转，用轴对称图形的知识解决问题。教材通过折一折、画一画、剪一剪，剪出一个轴对称图形；通过移一移，用学具模型画图等感受图形的平移；通过制作陀螺并转一转，感受点的旋转等。解决问题部分，教材中选取中国民间传统的手工艺"剪纸"为素材。在"生活中的数学"板块，介绍了民间的剪纸艺术。

"剪纸"以传统民间剪纸艺术与小学劳动、美术教育的整合为切入点，拓宽传统剪纸审美文化和表现内容，构建适合学生的剪纸活动体系。通过剪纸活动引导学生积极参与文化的传承与交流,开发学生非智力因素,陶冶情操,提高审美能力,促进学生个性的和谐发展。

二、整合目标

(1)结合剪纸作品,感知轴对称、平移与旋转现象。能够利用所学的剪纸技能创作精美的剪纸作品。

(2)通过欣赏、观察、动手操作,感受剪纸中的轴对称、平移、旋转现象,体验在剪纸中提取数学知识的方法。

(3)在欣赏、操作中感受剪纸的美,培养学生的想象力和创造力,培养学生的分析整合能力,提升学生的表达运用能力。

三、课程安排

3月23~27日(第四周):数学课共3课时。学生能认识到图形的运动——轴对称、平移、旋转。

3月23日~4月10日(第四周、第五周、第六周):劳动课共3课时。学生学习剪纸文化历史、剪纸的基本操作、欣赏剪纸作品并进行剪纸练习。

4月10~17日(第七周):综合课1课时。学生在剪纸中发现数学美,将《图形运动》相关知识应用到剪纸中,进行创作分析。

四、呈现效果

学生利用图形运动相关知识进行剪纸创作,作品呈现缤纷样貌。

五、课程反思

"数学与剪纸"是小学数学二年级下册的一堂综合实践课。新课标对综合实践课的要求是：学生将通过所学的知识和方法解决简单的实际问题，加深对所学知识的理解，获得运用数学解决问题的思考方法，并能与他人进行合作交流。

（1）坚持目标多元化，在活动中将数学教育、情感培养、动手能力、审美价值等有机结合，促进学生多方面能力的提高和综合发展。

（2）坚持跨学科的合作，引导学生进行数学思考、生活思考、艺术思考，用数学的知识和审美的角度方法去发现、解决问题，并在这个过程中进一步感受数学的力量、剪纸的魅力，从而体验成功的快乐。

（3）坚持实践出真知，把握学生认知的特点和剪纸工艺的难点，采用"尝试在先、及时指导"方法，大胆放手让学生尝试剪纸，同时，教师及时地给予必要的、准确的指导。

（4）在课程中适时有效地开展小组合作，在剪纸创作中鼓励学生充分展示富有想象力的作品，让学生在操作中思考、在操作中创新，提高学生的合作意识。

第 三 部 分

跨学科学习对学生核心能力的培养

现代社会需要的是应用型、复合型和创新型人才。随着网络时代的到来，为了适应新科学技术的发展，各学科不断增加新知识，学科间相互渗透，今天的学生不仅要学懂学会知识，而且需要综合运用知识和创新的能力。现代教育理论告诉我们，任何把知识割裂开来进行传授的做法都不能满足学生全面发展的要求。学科教育不应仅限于向学生传授知识和技巧，而是要重视学科思想、学科方法，注重情感、态度价值观的教育。通过综合知识在学科教学中的渗透，提高他们的综合能力，特别是信息采集、合作共生、自主与创新三种核心能力。

第九章 跨学科学习重在学生三种核心能力的培养

2016年《中国学生发展核心素养》总体框架正式发布（见图3-1），从文化基础、自主发展、社会参与三个维度定义"学生应具备的，能够适应终身发展和社会发展需要的必备品格和关键能力"，并将其归纳为：人文底蕴、科学精神、学会学习、健康生活、责任担当、实践创新六大素养。

图3-1　中国学生发展核心素养框架

我国正处于经济发展和社会进步的关键阶段，社会对于未来人才提出了各种新的要求。基于我国学生发展核心素养的内容与框架，各个学科都在提出自己本学科的核心素养。在我国当前的政策语境下，由于学生发展核心素养和学科素养是并行开展的，这自然就涉及一个需要关注的问题：学生发展核心素养和学科（核心）素养内在的对应关系是什么。这个问题处理得好，不但保证了学生发展核心素养的落实，也有利于体现学科的特色与价值；如果处理得不好，可能会强化各学科的特色，造成学科和学科之间更清晰的分离，这既不符合现在国际上学科之间融合渗透的趋势，也在客观上将学生发展核心素养变成抽象的言辞，而非撬动课程改革深化的杠杆。

跨学科综合学习体现了新课程改革培养学生的创新精神和实践能力的主旋律。它倡导一种新型的学习方式，有利于学生形成正确的世界观、人生观和价值观，促进学生综合素质的提高，真正让学生从"学会"到"会学"，到"乐学"的转变，使他们具有终身学习的能力。

第一节　跨学科学习对于综合能力的培养

智库百科定义，综合能力是指对所掌握的各种知识和信息进行综合考察、整理分析、取舍重组和科学抽象的能力。是否具备高度的综合能力，是衡量是否为通才及其社会效值大小的标准之一。本书所述的综合能力是指在跨学科合作中提升学生的核心能力。所谓核心能力是指在人的能力体系中处于核心地位的能力，是从所有活动中抽象出来的专业能力以外的能力，即与专业的职业技能和知识无直接联系而与完成专业任务密切相关的方法能力和社会能力。核心能力一般包括与人交往的能力、信息处理的能力、数字应用能力、与人合作的能力、解决问题的能力、自我学习的能力、创新能力、外语应用能力。❶本部分针对前文对小学生核心素养能力提升的叙述，将核心素养能力具体分为以下三种：综合信息采集、分析、解决的能力，合作能力，自主与创新能力。

综合的核心能力培养是在多种学科知识综合的基础上进行的，是建立在与其他学科相关知识的联系上的。因此，首先要求教师有这种综合意识，善于发现和努力挖掘与本学科有关的其他学科知识，做好跨学科学习的准备。其次是目的的启发引导学生主动参与这种迁移学习活动。研究有效的跨学科学习方式，以提升学生核心素养。

---

❶ 谷光辉.培养综合能力是素质教育的首要任务［J］.教育探索，1998（4）：31.

一、跨学科学习关注学生整合能力的培养

跨学科学习的课程目标体现了很强的综合特色,跨领域的综合学习目标,多样的学习方式等。需要学生具有整合能力,能够融合多种知识资源和多种学习能力去学习各科知识,应用各科知识。

1. 注重多种知识资源的整合

跨学科学习拓宽了学科的学习形式和渠道,优化了学科学习环境。如"胡同里的汉字文化"是品德、书法、语文三个学科的融合。品德学科从社会属性角度来确立目标;书法从字的演变、历史角度来阐述;而语文学科重在语言文字的使用。这样的三个学科在一个主题下融通,既目标明确,又节省时间,多出的课时进行生活运用,提高学生对汉字与生活的认识,让他们通过自己的眼、耳、脑进行观察、学习,更在认识之后加以理解与运用。学生在跨学科学习过程中打破以单一学科为中心,三个学科相互联系,并结合课外知识,把学科触觉伸向校外,各学科知识融会贯通。因而跨学科学习需要学会跨领域、跨时空整合多种知识资源。

2. 调动学生多感官参与学习

陶行知先生曾说:"要解放孩子的头脑、双手、脚、空间、时间,使他们充分得到自由的生活,从自由的生活中得到真正的教育。"根据专业科学实验证明:多种感官参与学习活动,可刺激其大脑皮层并增强大脑皮层的暂时联系,激发兴趣,加强理解和记忆。心理学家让三组学生用三种不同方式记忆 10 张图片,结果单纯视觉记忆保持效果为 70%,单纯靠听觉记忆保持效果为 60%,以视听结合方式记忆保持效果为 86.3%。可见,各种感官参与的记忆比单一感官参与的记忆效果强得多。心理学家经进一步研究得出了一条基本原理,即在学习活动中,多感官参与的学习效果明显优于单一感官参与的学习效果,同时多种感官的参与还有利于人的心情舒畅,有利于减轻学习压力对人身体的影响。跨学科学习就是充分调动学生各种感官、从不同方面去认知与理解。正如教育学家简·豪斯顿在其教育专著《教育可能的人类》所说的:"孩子们跳舞、品尝、触摸、听闻,观看和感觉信息,他们几乎能

学一切东西。"这也许正是跨学科学习魅力所在。

3.运用多种学习方式的氛围创设

多种学习方式的运用,有效创设良好的课堂氛围。例如,语文学习新课程将写作、口语交际、语文实践活动三个系统整合于综合性学习中,语文的听说读写能力的整体发展目标必须得到落实,语文教学的人文性和工具性在学习中充分体现出来。单纯的课文教学难以满足目标的要求,跨学科的综合性语文实践应运而生,如《妈妈的围裙》,这篇二年级的语文课文,以往教学仅在语言上去理解,感受劳动的光荣。而跨学科的学习,美术教师的融入,让学生在感知文字的基础上,了解绘画的技法,结合语境进行创作,再通过画面的想象,表达孩子对母亲的情感,由语言到画面,再由画面到语言,语言运用得到训练,学生的情感更得以升华。通过这样的跨学科学习,对于他们体现出来的实践观察感受能力、人际交往能力、搜集信息能力、组织策划能力和综合表达能力等,我们都给予积极评价,肯定并鼓励让他们慢慢建立跨学科学习的意识,以培养学生的综合能力。

二、跨学科学习关注学生动态学习过程优化的能力提升

新课程改革中最令人耳目一新的是,评价角度针对学生学习过程的优化,而不再片面地针对学生学习的结果了。这一理念无疑是进步的!因此,我们对学生跨学科学习的评价应更多地关注学生形成和实践"自主、探究、合作"等学习方式的过程,评价上要体现强调学生"会学",但不一定要"学会"的宽容理念,这也对学生动态学习过程优化的能力给足了提升的空间。

1.注重评价个体体验的学习能力

跨学科学习给学生铺设了一个展示自我的舞台,让他们走进生活进行实践,在个体体验生活的过程中去发现学习,并学好这些知识。如语文学习"寻觅春天的踪迹"时,学生就主动在生活实践中观察春天、读懂春天、描绘春天,并主动地把自己个体的体验与别人一起分享,表达喜爱春天的情感。

2. 注重评价多向互动的学习能力

当今社会处于网络时代，信息技术打破了人与人之间的时空界限，跨学科学习走向多向互动是必然的，也是必要的。在跨学科学习中，学生与学生的互动、学生与家长的互动、学生与教师的互动等等，既可以是面对面的沟通，也可以借助各种媒介进行接触，多向互动让学生的思想碰撞出智慧的火花。

3. 注重评价拓展创新的学习能力

跨学科学习实践中，评价拓展的创新，有效提升学生学习能力。例如，语文综合学习是实现"语文的外延与生活的外延相等"的有效途径。学生在进行跨学科学习时必须把自己置于大文化的环境中，拓展阅读的深度和广度，并积极与真实世界紧密联系，在不同内容和方法的相互交叉、渗透和整合中开阔视野，积淀丰富的文化底蕴。[1]

三、跨学科关注学生对综合学习能力价值观的完善

跨学科学习的重要目标是育人，进行德育渗透，培养学生关心国家命运，培养爱国主义精神，形成社会责任感。让他们关注生活，发现美，鉴赏美，热爱美，追求美。例如，我们根据教材所编排的综合性学习专题有很多精神意蕴很浓的内容。如"黄河，母亲河""世界何时铸剑为犁""脚踏一方土"等专题关注我们生存家园，可与科学环境问题结合，培养学生的使命感，使他们自觉地形成社会责任感；"戏曲大舞台""莲文化的魅力""古诗苑漫步"等专题让学生了解源远流长、博大精深的民族文化，可与美术绘本、图画相连接，在绘画制作中给予他们民族精神的熏陶，引导他们自觉地积淀自身的文化底蕴，将中国魂在心灵深处打上烙印。

---

[1] 刘荣明. 实施学生综合能力评价的一些探索［J］. 现代教学，2010（Z1）：104.

第二节　跨学科学习重在学生三种核心能力的形成和提高

一、 跨学科学习教学重在帮助学生获得综合性认识、理解与运用能力

1.跨学科学习，有助于提高学生综合性认识能力

教育部《关于全面深化课程改革落实立德树人根本任务的意见》（以下简称《意见》）于2014年正式印发，这份文件中有个词引人关注："核心素养体系。"核心素养体系被置于深化课程改革、落实立德树人目标的基础地位，成为下一步深化工作的"关键"因素。它是知识、能力、态度或价值观等方面的融合，既包括综合信息采集、分析及问题解决、探究能力，批判性思维等"认知性素养"，又包括自我管理、组织能力，及人际交往等"非认知性素养"。跨学科学习，可以克服学科教学中知识支离破碎的问题，有助于提高学生在综合信息中心采集、分析的能力。单学科教学使学生获得的各学科知识相互分离，甚至是学科内知识相分离。跨学科学习使学科之间知识相互联系，相互渗透，形成有机的知识网，融成一个有机的整体。有利于学生获得比较系统和完整的知识体系。学生学起来也会轻松自如，用起来得心应手。在新课标日益落实的今天，加强各学科与相关学科融合，使课程内容跨越学科之间的鸿沟，最大限度地体现知识的"整体"面貌，是教学改革的一个趋势。

2.跨学科学习，提高学生理解与运用的解决能力

中国学生发展核心素养中重点提出关于学生问题解决的能力，即：善于发现和提出问题，有解决问题的兴趣和热情；能依据特定情境和具体条件，选择制订合理的解决方案；具有在复杂环境中行动的能力等。培养学生解决问题的能力，是教育的一个重要方面。作为核心素养的重要一块："问题解决"是由一定的情境引起的，按照一定的目标，应用各种认知活动、技能等，经过一系列的思维操作，使问题得以解决的过程。跨学科学习，提高学生理论

联系实际的解决问题能力。现在高科技领域的许多科技成就很少是某一学科的尖端发展，更多的是多学科相互整合而形成的边缘科学的巨大进步。这表明，在今天的教育教学中，单科独进已经越来越不适应时代发展的要求。一个问题往往涉及多学科知识，单学科教学只是从本学科的角度来分析，解决问题，而跨学科学习是以一个学科知识为基点，向其他相关学科辐射。这可以扩大学生的知识面和加强知识间的联系，有利于学生从多角度分析问题，把某一学科知识应用到其他学科问题解决中，同时也有利于加深学生对知识的理解和应用。因此，在学习中，要注重学科之间的渗透，提高学生理论联系实际的能力，了解学科知识与今天的社会、经济、科技、文化、人文观念发展之间的密切联系，注意将理论应用于实践，提高运用理论知识解决实际问题的综合能力。例如，数学课中对圆的认识教学中，结合历史故事初步感知圆的一中同长；在动手制作陀螺中认识圆的知识；联系运动中的图形深刻理解圆的本质特征；结合大自然中、文化中、生活中的圆感受圆的美。因此，从这个意义上说，学科知识在课堂教学中的相互渗透，有利于加强学科知识间的联系，促进学生对学科知识的理解和掌握，有利于促进学生多科知识的整合，提高学生综合运用知识解决问题的能力。

二、跨学科学习重在提升学生合作的能力

美国当代著名教育评论家埃利斯（A.K Ellis）说过：如果合作学习称不上当今时代最大的教育改革的话，那它至少是最大的教育改革之一。联合国教科文组织在《教育：财富蕴藏其中》的报告中提出把"终身学习"作为一切重大教育变革的指导原则，并以此为指导界定了 21 世纪社会公民必备的基本素质，即终身学习的五大支柱：学会认知（learning to know）、学会做事（learning to do）、学会共处（learning to live together）、学会生存（learning to be）、学会创新（learning to change）。❶ 我国近期出炉的"中国学生发展核心素养"中，提出学生的必备品格和关键能力的综合素养，可以看作是与终身学习五大支柱的衍生与发展，二者共同重点解读"学会共处"对学生综合能力提升的重要性。

跨学科学习代表着课程改革的发展趋势，它必须以诸要素的操作为载体。

---

❶ 兰绍平.跨学科渗透教学：提高学生综合能力的有效途径［J］.教学论坛，2007（4）：158.

我们在实践中紧抓"合作、实践、创新"三元素，作为跨学科校本研究基本点，引发教师教学方式和学生学习方式的变革。通过跨学科学习，学生的综合素质得到全面的提升，最直接的体现就是学生的合作能力得到增强。

例如，学校以"绿色、融合、发展"为主旨，以促进学生身心健康发展为目标，推动学校体育工作；以体育教师与班主任有效配合，开展专项课题研究等，提高学生们的运动意识和增强身体素质。例如，五年级跨学科定向越野就是集运动、体能、智慧于一体的实践活动，激发学生的团队合作精神和竞争意识。活动融合体育、数学、语文、美术、英语、科学等多学科，通过定向越野活动对学生进行综合教育。孩子们首先要合作从网上搜集有关定向越野方面的有关知识，用数学课上学过的东、西、南、北等方位进行园区的地图识别，在出发处各小组共同进行组旗、组徽设计，并用比例尺估算实际距离。比赛当中，A点设"争分夺秒"、B点设"快乐英语"、C点设为"植物世界"，在D点处设有"寻宝之旅"游戏活动，参赛组须完成前四项活动方能进入寻宝环节。

具体合作课程安排见表3-1。

表3-1　京源学校小学部跨学科实践活动《定向越野》安排

学科	课时量	学习内容	应用环节
语文	1	网上搜集定向越野活动相关资料	
数学	2	东、西、南、北识别方向及比例尺计算	活动A点
美术	2	设计及绘制组图、组徽	活动A点
英语	1	快乐英语环节相关内容	B点
科学	2	园区内相关植物学习	C点
体育	4	分组及当天活动（提前准备好指南针、园区地图）	贯穿整个活动

学生是未来的社会成员，必须具备社会人的主体性，而主体性并非是游离于社会的，它必须将个体融入群体之中，并自觉地为这个社会贡献自己的力量。而合作是学生社会适应能力的前提和基础。跨学科实践中，学生通过合作，围绕核心主题协作探究，与老师、同学交流着学习生活的知识、学习生存的技能和生命的意义，实现思想、信息、情感的互动交换，为学生们综合能力的提高提供了有利的条件。

三、跨学科学习重在培养学生自主与创新能力

1.跨学科学习重在培养学生自主的能力

探索自主学习课本知识的方法和通过自主学习掌握课本知识的能力，是学生学习能力的首要表现，也是其他学习能力的基础保障；重视跨学科自主学习能力的培养，是当前教学改革的一个趋势。在教学中，应注意指导学生以正在学习的内容为立足点，联系其他学科中与之相关的知识，自主进行分析或对比，从多学科的角度，更为完整地理解掌握知识，并能运用综合知识解答相关问题。如学习到中国传统文化问题，可以延伸到当今国外传统文化延续的问题，同时又可以联系中外两国进行比较，从而对中外两国传统文化的区别和联系形成一种正确的自主认识，鼓励学生打破局限意识，大胆想象、大胆联系性学习。

每个学生都有求知欲、表现欲和成就欲，这是产生学习兴趣进而形成自主学习动机的基础，而宽松、和谐、民主的课堂气氛是满足学生求知欲、表现欲的前提。过去的传统师道尊严，学生不敢质疑。只有在民主平等的情境中，才能打消学生的畏惧和隔阂心理，学生才会"亲其师，信其道"。苏霍姆林斯基说过，对学生来讲，最好的老师是在教学活动中忘记自己是教师，而把学生视为自己朋友的那种老师。因此，要培养学生自主学习能力，就要坚持实事求是的原则，用辩证唯物主义和历史唯物主义观点分析历史事物。在教学中，应当创设这样一种环境气氛：每个学生随时都可以提出问题，各抒己见，畅所欲言，不管自己意见正确与否，都会受到正确对待，因为学生的任何探索都是有意义的。教师要放弃权威观念，把自己视为学生集体中的一员，广泛深入学生自学、商讨、辩论等各个环节中去，与学生一道在室内室外、书内书外、课内课外相互"传道、授业、解惑"，满腔热情保护学生敢问、敢驳的积极性，让学生的思维沿着不同的方向去扩展，去多角度地思考、提出问题。只有这样，才能使学生的心理健康地发展，才能去积极地生疑、质疑，才能培养学生自主学习的兴趣。

总之，学生自主学习能力的培养，不能简单理解为由教师来"解放"学生，而应逐步培养学生"解放自己"和"自主"的能力。跨学科的学习教学

过程要求教师不仅应具备较全面系统的学习和研究能力，同时，教师要把这些能力通过教与学的契合互动过程，逐步转化为学生自己的能力，实现"教"是为了"不教"的目的。"青出于蓝而胜于蓝"，鼓励学生超过自己，以实现更高的人生目标。

2.跨学科学习重在培养学生创新能力

"创新是一个民族的灵魂，是国家兴旺发达的不竭动力。"江泽民同志一再强调创新对国家和民族的重要意义。科学技术的迅猛发展，使各国在国际竞争面前面临着种种新的选择，培养和造就高素质的创新人成为21世纪关注的焦点。因此，只有高度重视"创新"的氛围，才能使我们的民族永远屹立于世界民族之林；只有重视和加强青少年创新能力的培养，才能使我们的国家后继有人，真正走上强国富民之路。在小学教学中增强学生创新意识，提高创新能力已成为当前素质教育的主旋律。

创新能力是根据一定的目的和任务，开展能动的思维活动，产生新认识，创造新事物的能力。一般认为它既是一种能力，又是一种复杂的心理过程和新颖思维的产物。然而根据调查，创新最高挑战——诺贝尔奖设立已有100多年的历史了，世界上许多国家都有了在自己国土上做出成绩并获得诺贝尔奖的科学家，而却有一个特别的个例——中国，至今未在自己的国土上产生一位诺贝尔奖获得者。杨振宁、李政道、丁肇中，他们虽然也获得了诺贝尔奖，但他们却已不再是中华人民共和国的公民了。台湾地区科学家李远哲有幸获得了1986年的诺贝尔化学奖，成为第一个具有中国国籍的诺贝尔奖获得者，但他的成绩却不是在中国国内做出的。欧洲一些小国，人口和国土面积还不如我国一个省大，也已有多位诺贝尔奖获得者。我们的邻国日本仅在"二战"后就有9位自然科学家获得了诺贝尔奖。现代中国青少年确实缺乏自主创新的能力。根据调查显示，大部分青少年对于创新能力不是特别了解。有57.8%的青少年对创新能力了解一般，有22.6%的被调查者不了解创新能力。45.2%的青少年认为自己有创新能力，20.6%的青少年认为自己没有创新能力，有34.2%的青少年不清楚自己是否具有创新能力。许多青少年还是没有意识到创新能力的重要性。57.8%的青少年认为，在社会不断发展的背景下，依然是学习能力较为重要，其次是实践能力，最后是创新能力。这种现象将在潜

意识上阻碍青少年创新能力的培养及提高。❶

　　跨学科学习加强了学科内容的融合，加强了学科之间的联系，有利于激发学生的求知欲和好奇心，有利于学生观察力和解决问题能力的培养。学生知识的丰富利于他们对新问题和新关系产生疑问，更利于培养学生思维的敏锐性，流畅性，变通性，独创性，所有这些都是学生创造力不可缺少的组成部分。跨学科渗透教学有利于学生这些方面的形成和发展，因此，跨学科渗透教学对于学生创造力的培养是不可缺少的。

　　学校通过探索总结出跨学科实践合作的三个路径，即学科整合、主题实践和校本研发。在这三种路径基础上，抓着"合作、实践、创新"三元素，遵循人本原则、科学性原则和实践性原则，在实践和研究中逐渐厘清和建构出跨学科实践课程体系，即：学科共有知识的跨学科课程、主题下实践课程、兴趣超学科实践课程这三类。学校以课程为载体，通过多元化跨学科合作，提升学生综合能力。总之，教师以多元跨学科合作为路径，以跨学科实践课程为载体提升学生的综合能力。它们之间的相互关系如图 3-2 所示。

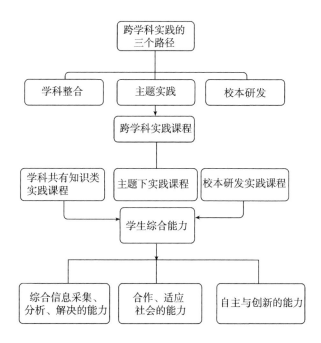

图 3-2　京源学校小学部跨学科学习实践路径

❶　王丽.青少年创新能力培养现状调查分析［J］.时代金融，2011（10）：459.

第十章 综合性认识、理解运用能力的培养

随着科学技术迅猛发展，新一轮基础教育课程改革正以一种新的教学理念和方式在全国范围内展开，新课改的理念已成功地融入各学科课堂教学中。学科界限变得越来越模糊，文理相通、学科相融已是大势所趋。就学科的发展来看，由于现实社会发展的需要呈两种趋势和特点。一方面，学科越分越细、越来越专；另一方面，学科间联系又日益密切，综合化、整体化日渐突出。这使得我国课程设置和教育发展的滞后性与学科发展趋势之间的矛盾逐渐突出。我国的学科课程，有着各自独立的学科体系，认知结构、逻辑结构和学科方法，是人为设定的。这种状况与现实生活往往有一定距离。我们所面对的形形色色的现实问题大多是综合性的，不是单一学科的。正因如此，从幼儿园到高考都关注学生综合意识的形成和人文精神的培养，突出对实践能力和解决实际问题能力的考查。

学校跨学科的学习通过明确主题，创造良好的综合学习氛围；分解目标，明确各学科培养任务；选择路径，运用恰当的方式培养；自主实施，根据年龄因材施教；达成共识，创建跨学科学习的高效课堂。通过多学科的相互配合，学生学会了运用适合自己的方法提取、采集、分析，培养了学生的综合解决问题的能力。

第一节 综合各学科知识，提高学生综合认识能力

认识能力指人脑接收、加工、储存和应用信息的能力，它是人们成功完

成活动最重要的心理条件。知觉、记忆、注意、思维和想象的能力都被认为是认知能力。美国心理学家加涅（R.M.Gagne）提出三种认知能力：言语信息（回答世界是什么的问题的能力）；智慧技能（回答为什么和怎么办的问题的能力）；认知策略（有意识地调节与监控自己的认知加工过程的能力）。教师的责任不仅仅是领会教材，课上讲述准确无误，严谨清晰，更重要的在于了解学生的思维水平和接受情况，使学生准确把握学科的知识结构和学科间的密切联系，帮助学生形成学会学习的能力。跨学科学习教学，不仅可以使学生掌握学科内知识的基本结构，也可以使学生对学科之间的联系有所了解，明晰所学知识在整个知识体系中的地位和作用，培养学生用联系的、发展的观点分析、处理问题，形成环环相扣的知识框架，为学生分析、处理问题打下基础。

学校的育人目标是培养有能力担当社会责任和创造幸福的高素质人才。围绕育人目标，挖掘学科渗透点，同时建立学科联系。让问题网络化、立体化。那么，研究的问题从哪来呢？初期，我们对"国家课程校本再造"构建了丰富的学科实践课程，以突出其多样性和选择性，特别是在"国学经典阅读""书法""剪纸""京剧"等凸显"传统文化"课程上已经有了比较成熟的探索；中期，依托中华传统文化课程，深入连接多学科的知识，为学校"跨学科综合实践课程"的实施提供了主题内容。以《中华优秀传统文化》为主线，辐射语文、数学、英语、劳动、美术、科学、信息技术等多个学科领域，整体构建中华传统文化主题下的跨学科学习实践，促进学科融合，促进学生多学科知识的学习与运用。

例如，学校四年级围绕"四合院"的主题，开展各个学科相关教学活动。为了了解民俗、对联文化，语文老师带领学生们一起读四合院文学作品，感受"庭院深深深几许"的意境；为了了解四合院的历史，品社教师带着学生一起学习四合院出现、演变和兴衰的历史，体会四合院背景下老北京人文情怀等。为了认识四合院的结构特点，美术教师与学生一起制作起四合院模型，一砖一瓦、一木一梁精巧别致、栩栩如生。具体主题实践课程设置见表3-2。

表 3-2　京源学校小学部四年级跨学科课程《四合之院》

科目	内容	目标	成果	课时
语文	读文学作品中的四合院段落	了解四合院结构特点	小报 对联 报告 游记	5
	了解四合院民俗讲究和相关文化、制作小报	了解民俗		
	了解四合院中的对联文化	了解对联文化		
	了解四合院现状、撰写调查报告	撰写报告		
	参观四合院写游记	写游记		
数学	观察了解四合院平面图	了解平面图	统计表	3
	初步尝试绘制四合院平面图	绘制平面图		
	根据其他学科调查结果制作统计表，并加以初步分析	制作统计表格		
英语	观看"四合院"为主题的英文介绍短片，认读相关词汇，引导简短介绍	认读英文单词	英文导游	1
品社	了解四合院出现、演变、兴衰历史	了解四合院的历史	故事会	4
	体会四合院背景下老北京人文精神	了解人文情怀		
	结合语文经典作品体会四合院邻里和睦精神	了解邻里和睦		
书法	写春联	四合院里的年味儿	书法作品	1
劳动	剪窗花	通过剪纸感受四合院	窗花门楣	2
	剪门楣			
美术	画四合院，小组合作共同完成	绘画四合院	绘画	2
科学	了解四合院建造材质和骨架结构	了解四合院的建筑结构	报告	2

　　这样的学习，是一种多视角的透视学习，对问题的认识更全面准确。它来源于我们的生活，学生感兴趣而全面的了解，也加深了对传统文化敬畏之情，更让学生们珍惜古老文化、传承文化。有的学生到什刹海去走访，有的提出保护古建筑的设想，学生的热情被点燃，更增加了社会的责任感。

　　这类课程重在培养学生的社会认知能力、适应能力、社会实践能力、社会参与意识以及社会责任感等综合分析、解决问题的能力，培养学生学以致用、服务社会的意识。在跨学科学习实践过程中遵循"亲身实践、多方探究"的原则，以提升学生综合素养。

　　我们探索出跨学科学习的三条路径，即：学科整合、主题实践和校本研发，在这三种方式基础上，抓住"合作、实践、创新"三元素，遵循人本原则、科学性原则和实践性原则，在实践和研究中逐渐厘清和建构出跨学科学习课程体系，即：学科共有知识的跨学科课程、主题实践课程、兴趣超学科实践课程三类。学校以课程为载体，通过多元化跨学科合作，提升学生的综合信息提取、分析解决能力。总之，教师以跨学科多元学习的实践不断提升学生的综合能力。以"四合院"一课为例，整合美术、语文、劳技学科，总体提升学生审美、表达、动手等综合能力。见照片 3-1。

照片 3-1　京源学校小学部跨学科课程《四合院》展示图片

第二节　综合各学科知识，培养学生对事物的多学科认识、理解与运用能力

综合性学习本身就要求学生要有广阔的视野，能在学习的过程中综合各学科的知识，对问题进行更广泛更深入地分析。例如，我们跨学科学习校本策略研究打破学科壁垒，适应科学发展综合化的需要，使相关学科的知识、能力，相互渗透，融为一体，调动学生多种感官的运用，促进学生综合能力的提升。

以"书香校园经典阅读"的传统主题，如图 3-3 所示，学校进行跨学科学习整体设计和跨学科学习校本研究，带动所有相关学科，产生集群效应。

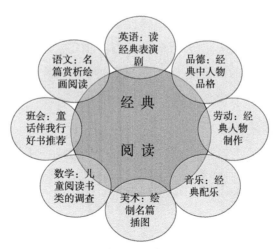

图 3-3　"书香校园经典阅读"课程框架

　　比如，中年级的童话研究性学习，以安徒生童话为主题，主题牵动、多学科联动、整合性发展。在这样方法的指引下，完成跨学科学习推进。如图 3-4 所示，"安徒生童话研究性学习"整合"语文""音乐""劳技"等六门课程，突出课程特色的同时，整体提升学生综合能力。

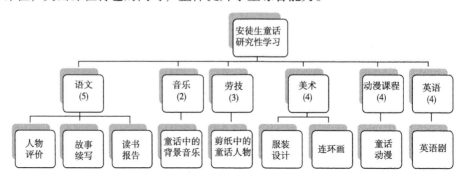

图 3-4　经典阅读《安徒生童话》课程

　　多学科课程模式，首先尊重学科本身的知识和学习目标的达成，因此，它并没有将分科教学对立开来，而是以分科教学为基础，降低学科教学设计的难度，再通过同一主题下各学科的相互链接，突出教师对跨学科学习知识之间关系的把握与协调，整统多学科知识之间的联系，促进学生从多维度发展对主题的理解和学习，使阅读更深入。其次，尊重学生的认知规律，学生通过同一主题不同内容的学习，如读安徒生《人鱼姑娘》的故事，结合语境给人物设计服装、剪人物形象、选取适合的音乐创作、动漫故事创作，让学生更能理解任务，品味寓意，也让学生更生动而充满乐趣。

第十一章　合作能力的提升

　　跨学科学习代表着课程改革的发展趋势,它必须以诸要素的操作为载体。我们在实践中紧抓"合作、实践、创新"三元素,作为跨学科学习校本研究基本点,引发教师教学方式和学生学习方式的变革。多学科融合模式,尊重学科本身的知识和学习目标的达成,凸显教师对跨学科学习知识之间关系的把握,整统多学科知识,促进学生从多维度发展。

　　通过跨学科学习,综合素质得到提升,最直接的体现就是学生的合作能力得到增强。首先,通过跨学科课程,学生深化了对合作的认知。所谓合作认知是合作行为产生的基本前提和重要基础,指的是"个体对合作及其意义的认识,以及在此基础上产生的对共同行动及其行为规则的认知"。因此小学生对其意义的理解,对于促进合作活动的顺利进行、成功地达成目标等起着至关重要的作用。

　　《小学生注重合作意识的影响》一文中提到:认知合作意识是随着人的整个心理和行为活动能力的增强而逐渐发展的,这里并不意味着随着年龄的增长而逐步提高,即要培养小学生的合作意识需要通过某种活动的交往过程来完成,通过对各种结果的经历和共同完成任务以及成果的分享去培养。

　　小学生合作意识方面存在的主要问题在于学生与学生之间不懂得怎样交流与合作,主要表现在,有些学生孤僻、自私、不合群,不懂得如何与小伙伴相处,有些学生在小组合作中自我意识太强。还有就是学生和老师之间以及学生与家长之间的合作机会太少,这都在一定程度上影响了对小学合作意识的培养。而跨学科学习就是给学生提供了这样一个平台,加强学生间的合作,提升学生的合作能力。

　　例如,英语戏剧课程,跨学科学习模式为学生提供了更多的平台,通过戏剧表演,促进学生相互协作和配合,一个戏剧有多种分工,有演员、有服装、有道具、有场景等，让不同特质的学生发挥所长，又不相互补充，极大地促进综合能力。

就京源学校小学部英语戏剧课程而言，跨学科学习模式为学生提供了更多的平台，通过学生间的相互协作和配合，学生课程综合素养得到了极大的提高。

第一节　跨学科学习下的英语戏剧课程设计

借助"英语戏剧课程"实现多学科的有效融合，让学生多育并举，全面发展。

"英语戏剧课程"并不是单纯的英语学科课程，而是以国家英语必修课程为基础，以发展学生语言与空间能力为目标，以学校"全人教育"为核心价值观，融合了语文、美术、思想品德、信息、科技、劳动技术等多学科的综合校本课程。

"英语戏剧课程"以国家必修英语课程为基础，通过对英语语言基础知识的学习，给课程做有效的语言支撑。同时引入中国传统文化内容，用英语戏剧的方式呈现，培养学生做有思想的人。

"英语戏剧课程"的剧目选定为中国成语故事，学生在语文课程中，学习成语故事，学成语讲故事，编写英语剧本，推动学生做一个有品格的人。

学生借助互联网，进行翻译，场景设计等活动。信息技术学科为"英语戏剧课程"提供了技术支撑。开放式学习也让学生有了更多的选择，自主学习激发学生热情，让学生成为学习主体。高效的课堂在"英语戏剧课程"中得到了体现，帮助学生做一个有能力的人。

以"美"影响学生心灵，让"美"渗透课程始终，发现美、感知美、创造美提升对美的鉴赏力。在剧本的制作和服装道具的准备过程中，美术学科和劳动学科中学到的知识和技能得到了充分运用。结合两个学科，结合英语戏剧内容，学生动手、动脑，多感官参与学习过程，使自身得到了全面发展。在设计、制作过程中，帮助学生进行艺术知识、技能与方法的积累，同时多文化的碰撞和融合，能使学生理解和尊重文化艺术的多样性，发现、感知、欣赏、评价美的意识和基本能力得到发展。不同的视角，提升学生审美价值取向和正确的艺术表达。创意表现的兴趣和意识，在生活中得以升华。

通过跨学科学习古今的融合，灵魂的碰撞，品格的提升，是学校"全人"教育的追求，也是"可持续的教育"的归宿。

中国成语故事中，蕴含着深刻的道理，融合了中国上下五千年的智慧，借助英语戏剧课程渗透德育教育，挖掘故事中的深刻含义，帮助学生理解如何做人、做事，如何做一个肩负文化传承的中国人。在课程中，学生同样会感受到作为中国人的骄傲，传承中国文化的使命。跨学科的融合，最终体现了整体课程的育人价值所在，为"全人"教育在学生心中扎根打下了坚实的基础。帮助学生形成"真善美"品格，培养有能力担当社会责任和创造幸福生活的高素质人才。英语戏剧课程融合英语基础课程、信息技术课程等六个学科，充分发掘学科特点，有效提升学生综合能力。如图 3-5 所示。

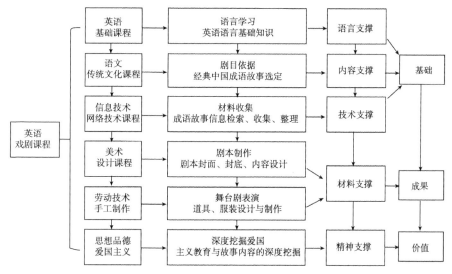

图 3-5　英语戏剧课程的跨学科多学科融合联动

第二节　跨学科学习下英语戏剧课程
对学生合作能力的培养

"英语戏剧课程"在实施过程中，大体分为三个阶段：准备阶段、实施阶段和总结阶段。合作学习贯穿始终在准备阶段中，学生通过学习戏剧知识、挑选剧目、制作剧本和道具等为展演做准备。学生通过对主题的探讨，获得与主题相关各学科的知识与技能。同时，通过不同的主题，在英语戏剧课程中，让学生对戏剧获得整体的认知，并通过自主、合作、探究等学习模式亲身实践，在过程中认识英语戏剧，在过程中体验及反思，从而形成良好的意识、情感和价值观，并将合作能力迁移、运用到具体问题的解决中去。

一、英语戏剧课程实施中的合作，全面提升学生合作能力

英语戏剧课程是学生们合作学习、共同发展的课程。不同阶段有不同的任务，在任务的驱动下，学生们分工合作，各展其能。

英语戏剧课程分成准备、实施、汇报三个阶段如表 3-3 所示。

在英语戏剧课程的实施阶段，学生利用自己准备好的材料，进行"英语戏剧"的展演，其间学生需要向学校租借场地，选择主持人，协调节目之间的时间、关系等一系列活动，以保证展演的顺利开展。通过一系列的活动，学生充分展示合作能力，不是简单地与同伴进行合作，还要和老师以及相关人员进行合作。最终展演结束后，学生进入反思阶段，从准备展演到展演结束，学生们遇到的问题，对问题做了哪些有效的解决，整个过程中发现了哪些自身素质不足的地方等。课程中，教师会给学生充足的时间，让学生以讨论交流，最终以学生的成语资料，戏本编制以及学生探究问题研讨报告等材料作为小组评价的内容。

表 3-3　戏剧课程学生合作模式图

阶段	内容	合作模式		成果
准备阶段	成语故事选择	1. 自愿结合，进行分组（6 人一组）；2. 组内分工：小组长一名，材料收集员三名，材料整理一名，汇报人一名		1. 三个成语故事（中英文版）；2. 竞选汇报
实施阶段	1. 成语故事编辑	组长带领分工合作	封面设计	成果展示
			故事编排	
			校对	
			印刷	

续表

阶段	内容	合作模式	成果
实施阶段	2. 展演分工	导演	实施阶段
		剧务	
		演员	
	3. 道具制作	协调劳技课程中的道具制作	
	4. 排练	协调场地	
		协调演员与其他组排练情况	
		协调道具	
汇报阶段	展演	各部分之间的协调工作	展演

　　在英语戏剧课程中，学生制作小报，推广自己喜欢的成语故事，为"戏剧集"的制作提供资料，见照片 3-2。

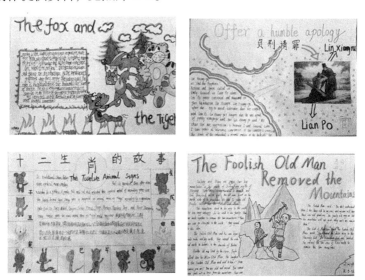

照片 3-2　英语戏剧课程小组合作作品展示

　　通过学生们的设计整理，我们生成了《京源学校小学部英语戏剧集》。它是由学生们自己进行设计、整理、排版、印刷的，其间利用到了语文、英语、美术、劳技课程以及后期的技术处理信息技术课程中所需的不同技能。英语戏剧课程串联着不同的学科，通过学科间的合作、同伴之间的合作、师生间的合作等把不同学科有效地进行连接，提升了学生的合作能力，给学生提供了全面发展的平台。

二、英语戏剧课程中，教师角色的转换，给学生合作能力的提升创造机会

在传统教学中，教师是个矛盾的角色。受课程和评价的限制，教师在课程中的主体地位没有体现，实际的教学实践中，教师被动地传授知识，充当着教材的"复读机"这一角色。而在课堂上，教师摇身一变又成为绝对的主角，将知识一成不变地灌输给学生。跨学科学习不同于传统的教学，它没有现成的教材，所有的学习内容都需要教师跨越学科界限自主研发。教师的角色转变成课程的开发者和研究者。

教师在英语戏剧课程中的指导也分成三个阶段：准备阶段、实施阶段、汇报阶段，具体内容见表3-4。

表3-4 戏剧课程教师指导模式

阶段	内容	教师指导		目的意图
准备阶段	成语故事选择	1.指导学生根据不同特点进行小组分配		保证小组间的力量均衡
		2.根据主题，引导学生进行故事选择		保障故事的健康性与教育性
实施阶段	成语故事编辑	讲座	如何进行故事编辑	激发学生自主性，提升学生课堂主体地位
	展演分工	导演	按照分工，进行专业指导	
		剧务		
		演员		
	道具制作	劳技课	指导学生进行道具制作	
	排练	根据学生要求，进行配合		
汇报阶段	展演			展演

英语戏剧课程就是跨学科教学背景下，充分体现学生合作能力的重要支撑。教师协助学生进行课程设计，学生在课堂上进行剧本挑选、舞台设计、人员调配等活动，不断地相互交流，发现问题、解决问题，最终把课堂搬上舞台，实现了合作能力的全面提升。

第十二章　自主与创新能力的培养

随着社会的进步和科学的发展，自主意识是未来人才必须具备的素质。自主管理能力是一个人成功的保障，现代教育倡导学生个体的自主管理。引导小学生自主管理就是促使他们良好习惯养成的一种重要方式，也是培养他们形成独立的个性，教会他们学会自主管理的现实要求。在自主的前提下，如何进行合理的创新，是跨学科的重点研究方向。跨学科课程背景下的课堂，教育和指导学生学会自主管理，充分发挥学生的主观能动性，使每个课堂中的学生做到既是管理的对象，又是管理的主体，达到"管，是为了不管"的教育目的。充分发挥学生的主体意识，给学生提供更广阔的平台，通过自主学习激发学生创新能力，提升学生综合素养。

跨学科的课堂通过自主协商，营造良好的自主管理氛围；树立榜样，发挥模范带头作用；因材施教，选择恰当的培养途径。在多学科的相互配合下，学生学会了运用适合自己的管理方法，培养了学生的自主与创新能力。

第一节　"以人为本"的跨学科学习，全面提升学生自主与创新能力

随着社会的进步，科学技术的发展，人类对教育的要求越来越高，跨学科学习要求教师转变教育观念，采取新的教育方法，实施学生自主管理是素质教育的要求，反映了学生发展需要。学生既是一个有思想、有感情的完整个体，也是一个处在迅速发展、未成熟、没有定型阶段的独特个体，学生有强烈的主体性、能动性和创造性。学生的能动性和创造性的实现需要借助于

学生自己管理自己的实践与行为，符合"以人为本"的理念，管理中不断锻炼自己，提高自己、完善自己。

跨学科学习发展学生的能力，鼓励学生发挥主观能动性，激发学生依靠自己的智慧和知识去认识和改造世界。在学生初步具备了某种能力后，跨学科学习的课程安排应该趁热打铁，让该能力成为习惯的状态，以达到持久的效果。能力是内在的东西，习惯则是能力的外部表现。跨学科学习从学生的道德行为习惯开始，播种行为，收获习惯；播种习惯，收获性格；播种性格，收获命运。从培养学生的自主管理意识入手，跨学科学习促使学生建立自主意识，并通过创设丰富的自主管理实践活动，提高学生的自主与创新能力。

第二节 "以生为本"的跨学科学习
让学生成为课堂的主体

在跨学科学习的过程中，课程设计的做法为"123"，即一个原则、两个步骤、三个方面。一个原则即合作性原则。两个步骤是第一步先了解自我特征，了解课程环境以及了解课程应达到的行为规则；第二步再实施自主管理，适当创新。三个方面指自主管理和创新的内容：分目标管理——时间管理和人际交往管理；分层次创新——创新意识培养和创新能力提升。在跨学科学习中，学校搭建丰富多彩的平台让学生在集体教育中不断完善自己，培养自主管理能力，提升创新意识，最终将能力转化为内心的坚定信念，有意识地约束自己，规划自己的人生道路，遂渐从他律走向自律，把创新意识与能力根植在自己生活之中。

一、学生课堂的自主，促进课程创新

以跨学科学习中的"英语戏剧课程"为例，作为一门综合艺术课程，英语戏剧课程分为准备、实施、总结三个阶段，共有31课时。准备阶段占19课时，以英语和语文为基础课程，学生以学习戏剧知识为主，进行中国传统文化的渗透，开阔国际化视野，结合美术、劳技、信息技术对剧本、道具进行设计和制作，对展演舞台进行设计。实施阶段以排练和展演为主，共有 8 课时，英语教师负责学生们的语言指导，美术、劳技、信息技术教师提供技术支持。总结阶段为 2 课时，以思想品德课程为依托，学生在课堂中，对整个活动进行总结和反思，提升学生综合素养。英语戏剧课程课时分配见表 3-5。

表 3-5　跨学科学习——英语戏剧课程自主创新能力培养

阶段	学习主题	时间	内容
准备阶段	1. 戏剧知识学习（7学时）	英语	中华传统成语故事英文题目猜一猜（1学时）
			中华传统成语故事名句翻译比赛（1学时）
			中华传统成语故事阅读赏析（1学时）
			中华传统成语故事英文剧本翻译（1学时）
		语文	中华传统成语故事赏析（1学时）
			"我最喜爱的成语故事"演讲比赛（1学时）
			成语故事剧本创（1学时）
	2. 小组活动（12学时）	美术	设计剧本封面、封底、插图（1学时）
			展演海报设计、制作（1学时）
			展演设计服装（1学时）
			展演道具设计（1学时）
			展演舞台设计（1学时）
		劳动技术	展演服装制作（1学时）
			展演道具制作（1学时）
			展演舞台布置（1学时）
		信息技术	学习如何利用网络进行翻译活动（1学时）
			学习运用多种方法为演讲活动做媒体支持（1学时）
			运用计算机进行剧本编辑、制作（1学时）
			学习运用 PPT 制作展演所用背景资料、音频资料等。（1学时）
实施阶段	1. 制订计划，明确分工。（2学时）2. 展示准备。（2学时）	英语	分组表演班级展示活动一（2学时）
			分组表演班级展示活动二（2学时）
	3. 展示活动。（4学时）	展演	展演（4学时）
总结阶段	反思小结汇报：（2学时）	思想品德	"崇尚中华传统，开阔国际视野"演讲活动（2学时）

通过全自主课程实践发现,学生们渴望进行自我调控,主动探索课程内容,自主管理能让他们获得一种满足感,激发学生的创新能力。跨学科学习就是关注学生的全面发展,关注学生的完整人格培养以及促使学生的个性得以充分发展。

二、跨学科学习背景下教学方式的转变,促进学生自主探索

"英语戏剧课程"的学习主体为学生,也就是说,整个学习阶段都是由学生进行课堂设计,讲座、演讲、小组活动过程中,教师只作为指导者出现。学生在课下进行下一节课的准备,学生自行分组,自己和学校进行沟通、协调,对最终的展演进行准备。在课程中,充分调动学生的学习积极性和主观能动性,面对挑战,学生的素质得到了全面发展,体现了"全人教育"的精髓。

四至六年级英语戏剧课程具体内容见表3-6。

表3-6　各年级剧目表

年级	剧目
四年级	1. Adding Eyes to A Dragon（画龙点睛）
	2. Buying Shoes（郑人买履）
	3. The Story of Modesty（孔融让梨）
	4. Grinding the Iron Rod（铁棒成针）
	5. The Story of Chinese Zodiac（十二生肖）
	6. The Legend of "Nian"（"年"的故事）
五年级	7. Be there just to make up the number（滥竽充数）
	8. The Foolish Old Man Removed the Mountains（愚公移山）
	9. The Legend of Chang'e（嫦娥奔月）
	10. The Fox and The Tiger（狐假虎威）
六年级	11. Waiting for the Rabbit（守株待兔）
	12. Stealing the Bell（掩耳盗铃）
	13. A Humble Apology（负荆请罪）
	14. The story of Wang Xizhi（王羲之的故事）

英语戏剧课程的教材,主要选择学生们喜爱的中国经典成语故事,以剧本的形式,由学生们自主设计、编写,最终由教师进行审核、印发。通过学

生的视角进行教材的编写，很大程度上符合了学生们所属时代的特色。通过对成语故事的演绎、创编增加了成语故事的时代性，体现了学习的趣味性，在欢笑和快乐中，激发学生自主学习意识。在课程中，学生自主开发了阅读延伸教材作为辅助教材，用于做课下阅读材料，充实英语阅读量，从不同的角度，感受中国文化。

照片3-3为英语戏剧课程用书，剧目选定由学生决定，封面及版式设计均由学生独立创作。

照片3-3　京源学校小学部中华经典故事英语课本剧集

学生们在组织参与的过程中，感受到了学习的乐趣，提升了英语思维能力，同时提升了自主创新思维能力。照片3-4为英语戏剧课程展示阶段留影。

照片3-4　京源学校小学部中华经典故事展演

三、课程创新点

1.跨学科学习模式下的"英语戏剧"课程，培养学生的综合能力

英语戏剧是一座桥梁，把多个学科有机地结合起来。课程以传统成语故事为基础，把英语学科作为平台，结合美术、劳技、信息等学科，帮助学生调动专业知识，运用多学科技能，把"美"带入课堂，把"严谨的科学思维"带入课堂。通过"英语戏剧"课程的学习，学生学会了如何运用网络，如何进行艺术审美，如何严谨思维，如何做人，如何处事，如何协商，如何处理矛盾等。真正做到了综合能力的全面发展，体现了核心素养的全面提升。

2.以跨学科的方式，传承中华优秀传统文化，体现工具性与人文性统一

英语戏剧课程的核心是"英语"学习能力的发展和提升。在运用"英语"的过程中，学生把中华优秀传统文化再一次植根心中。成语故事在小学阶段是语文学习的重要组成部分，学生们从中学习到的不仅仅是知识，更多的是古人的处事智慧。在学习的过程中，借助英语，传播中华优秀传统文化，将工具性与人文性统一了起来。

3.以学生为主体的跨学科学习，真正"全人"的教育

英语戏剧课程的课堂主体是学生，在课程活动过程中，学生充分发挥课堂主体作用，从课程中剧本的选择、小组活动中主题的设定到展演过程中和学校进行沟通与协调的工作，都由学生自主完成。锻炼了学生的沟通能力、协调能力。把课堂还给学生，让学生做课堂的主人，发展学生综合能力，从而帮助学生成长为一个"全面发展的高素质人才"。

4.跨学科学习关注学生学习过程，提升学生学习幸福感

英语戏剧课程采用过程性评价，关注学生在课程中的有效习得，通过学生的学习能力和解决问题的能力，教师引导学生进行自我评估，生生互评，找到自己的优势和不足，为下阶段学习确立目标。教师在向学生呈现评价结果时采用评价报告、学习建议的方式，采用鼓励性的语言，激发学生内在学习动力，帮助学生明确自己的努力方向，促进学生进一步的发展。

由此，跨学科学习具有重要意义：它充分发挥小学生创造力与想象力，引导学生自主学习，激发学生内因，并促其发挥积极作用，使学生在更好的全自主的环境中接受教育，增强自身的时间规划能力、情绪管理能力及同伴交往能力，养成独立完成任务的习惯。在课程设计中，有效地给学生提供平台，实行自主管理模式，有助于学生更好地认识自我，了解自我，明确同学之间还有紧密的合作关系，为培养更多的社会化人才打下坚实的基础。

第十三章　学生能力提升的效果对比

跨学科学习对于学生综合能力的提升效果明显，突出表现为对学生创造力与学生合作能力的提升。跨学科学习重视多学科联动，如"中草药种植课程"，课程设计目标方面会着重培养学生的创新与合作能力。经过实践后，通过测评，学生的创新和合作能力都有不同程度提升；在对家长和老师的访谈中发现，"合作"和"创造"这样的词汇出现频率最高；在对内容进行分析后发现，学生在学校活动中表现出了更多的合作意识、合作行为，同时在学科学习中思维也更加开阔。

第一节　跨学科学习教学对学生创造力的影响

本研究采用《威廉斯创造性倾向问卷》测查小学中高年级学生创新能力的情况，并进一步探究跨学科学习对学生创造力的影响。

《威廉斯创造性倾向问卷》是通过测验个人的一些性格特点包括冒险性、好奇性、想象力和挑战性，来测量个人的创造性倾向。它可以用来发现那些有创造性的个体。问卷共 50 题，包括四个方面：冒险性、好奇心、想象力、挑战性。项目以三点量表的形式出现，其等级分别为"完全符合""部分符合""完全不符"。量表各项分数 α 系数介于 0.401~0.708 之间，总分 α 系数介于 0.765~0.810 之间，具有较好的效度。

在本研究之初对小学中高年级的学生按随机抽样方式在每年段随机抽取一个班级进行测查，经过一学年之后，再次对相同班级进行后测，以便检验对学生创造力的影响。在研究之前对各年度不同年级之间进行语文、数学、英语成绩比较，发现不同年级之间在学习成绩方面不存在显著性差异。详见表 3-7。

表 3-7 小学中高年级学生一般创造性倾向前后测值差异检验

各因子前后测差值	开学初 （n=89，M+SD）	学期末 （n=89，M+SD）	t	p
冒险性	1.75+0.26	2.36+0.24	4.71	0.001**
好奇心	1.82+0.24	2.44+0.24	5.98	0.000**
想象力	1.93+0.33	2.39+0.24	6.97	0.000**
挑战性	1.93+0.33	2.39+0.33	6.21	0.000**
总分	1.81+0.15	2.41+0.17	12.04	0.000**

注：*p<0.05，**p<0.01。

由表 3-7 可见，经过跨学科学习之后，中高年级创造力总分以及 4 个分量表得分在开学初与学期末存在显著性差异。学期末学生的创造性倾向得分显著高于开学初学生水平。由此可见，跨学科学习对学生创造力有影响。

第二节　跨学科学习教学对学生合作能力的影响

合作能力（cooperation ability）是指人们在学习、生活或社会关系中，为追求共同的目标，享受共同活动带来的快乐，或为了加深彼此的关系，以一种协调的方式共同完成目标时所表现出的各种个性特征的总和。

本研究采用华中师范大学王斌、李芙蓉等自编的合作能力量表。本量表共有 42 道题，分为合作意识和合作技能两个方面。本研究在开学初与学期末对中高年级按照随机抽样各取一个班级学生进行前测与后测，考察跨学科学习对学生合作能力的影响。本研究所选取班级在年级内没有显著性差异。

对学期初和学期末收集的数据进行整理分析，学生的合作意识、合作技能情况详见图 3-6。由图 3-6 可以看出，经过跨学科学习后，学生不管是在合作意识还是合作技能方面，都较学期初有了不同程度的提高。

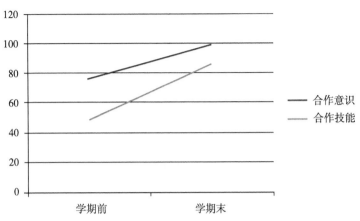

图 3-6　中高年级学生学期前、学期末合作意识、合作技能统计

　　综上可以看到，在经过跨学科学习活动之后，中高年级学生的创新能力以及合作能力包括合作意识和合作技能都有不同程度的提高。跨学科学习打破了学科界限，教师在合作备课、授课、反思的过程中，极大拓展了学科领域，模糊了学科边界。合作授课的教师就是学生合作学习最好的模范，除了潜移默化的影响外，跨学科之间教学对合作的要求也使得学生的合作能力得到了最大的训练。除了对合作能力的影响外，跨学科学习对学生思维方式以及创新能力的发展也有很大的帮助，跨学科学习的目的是将各个学科融会贯通，这本身就符合学生认知发展的规律，同时也是对传统教学方式、传统教学思维以及传统学习思维的一种打破。在这样的一种"打破"过程中点燃学生最原始的学习兴趣，锻炼了学生思维发展，同时也使得学生创造力得到了提升。

附文：四年级英语戏剧课程剧本——画龙点睛

1.Adding eyes to a dragon

Characters：Narrator，　Mr. Li，

　　　　　Mr. Zhang，　the worker

Scene I

Narrator：Long ago there was a good painter. He was Mr.Li. One day， Mr. Li and his friend Mr. Zhang took a walk.

Mr.Li：It's a beautiful day today! Isn't it?

Mr.Zhang：Yes， Sunny and clear! Let's have a walk.

Narrator：Then they took a walk along the street. Suddenly, they saw a worker painting on a temple.

Scene II

Mr. Li：What are you doing?

Worker：I am painting some pictures on the wall. I am a famous painter. I have been painting for five years. What do you think of my picture?

Mr. Li：Very good.

Mr Zhang：You are good at painting. Why don't you add some beautiful picture on it?

Mr.Li：Yes， it's a good idea! Excuse me worker， can I paint some pictures on the wall?

Worker：No problem.

Mr.Li：Could you please borrow me your paintbrush?

Worker：Certainly， here you are.

Mr.Li：Thank you so much!

Mr. Zhang：What are you going to paint?

Mr. Li：A dragon.

Narrator：Then Mr.Li was drawing a dragon on the wall but without eyes.

Mr.Zhang：How beautiful dragon it is! But there are no eyes. I don't think it is a good picture!

Mr.Li（smile）：If I add eyes to the dragon，it will fly away.

Mr.Zhang（shaking his head）：You're boasting! I don't believe you!

Others：Adding eyes to it! Adding eyes to it.

Mr.Li：Okay! Then，Let me try!

Narrator：He holds the paintbrush and adds eyes to the dragon. Suddenly，it's getting dark，some black clouds in the sky and there is some loudly thunder.

Mr.Zhang and others：Wow，look! The dragon is really flying! Oh my god! I can't believe it!

第 四 部 分

跨学科学习评价的研究

跨学科学习评价对于指导跨学科教学实践具有重要意义。众所周知，我们常把在教学活动中"为学"比作学海行舟，把"教学评价"比作行舟导航。领航员为了指引船只按照正确的航线航行，必须指导船的航行位置及其变动。因此，他必须连续地记录与核实其位置，以便指导船只应朝什么方向行驶。教学也是如此，我们需要行之有效的手段去监测教学之舟的方向、位置等。

可见学习评价是实现教学目的的一个重要手段。它是为了了解、诊断、评定、调整与促进教学服务的。跨学科学习与传统学习方式不同，也对教学方式提出了新的要求。它是既包括以一个学科为中心，在这个学科中选择一个中心题目，围绕这个中心题目，不同学科的教师组成大小不一的教学研究组，形成新的伙伴关系，展开对所指向的共同题目进行加工和设计教学；也包括教师为提升综合能力而参加的不同学科的培训，还包括具有一定专业能力的教师对于个人内在素养的学习提升。教学方式的改变势必对学习评价提出更多的要求，更加需要教师树立"以学生为本"的评价取向，同时在评价过程注重科学性、发展性等原则。

第十四章 跨学科学习教与学评价

第一节 跨学科学习实践教学评价简述

理论界对于评价的研究有很多，国内外学者对评价内涵的理解也不尽相同，通过梳理可以看出，他们对评价的界定大致可以分为两类：强调评价是一种价值判断；强调评价是一个过程。在跨学科学习评价的研究中应该更加强调其过程性。跨学科学习评价是指在跨学科教与学过程中教师教与学生学的效果评估。

联合国教科文组织在《学会生存》一书中指出，21世纪的教育应该使学生学会求知、学会做人、学会做事、学会共同生活。这是未来教育的四大支柱，是对新世纪新型人才的要求，也是素质教育的基本内容。促进每个学生最充分的发展是素质教育的最终目的。素质教育的特征主要有以下几点：第一，全体性，是指素质教育以全体学生为对象，不能忽视任何一个学生的发展；第二，主体性，要充分尊重学生的主体能动性，给予学生发展的权利、自由和责任；第三，发展性，素质教育的目的是使全体学生形成可持续发展的意识和能力。❶

学校教育对学生的培养主要是通过教学，尤其是课堂教学来实现。相应地，课堂教学也就责无旁贷地成为实施素质教育的主渠道。素质教育如果脱离了课堂教学，将不会真正得到实施。素质教育无疑是进行课堂教学改革的指导思想。课堂教学评价也必须在素质教育思想的指导下进行。其实，从评价方面来考虑，开展符合素质教育要求的课堂教学评价是在课堂教学中实施素质教育的必然要求。

---

❶ 谷光辉.培养综合能力是素质教育的首要任务［J］.教育探索，1998（4）：31.

第二节　概念界定

什么是评价？美国《课程计划和编制》（Curriculum Planning and development）一书作者认为，从操作的角度看，"评价是判定我们想要做的事情已经做得如何的过程"。美国教育评价标准委员会（Joint Committee on Standards for Educational Evaluation）在 1981 年对评价下的定义是："评价是对某些现象的价值如何的系统调查。"❶我国的学者王道俊、郭文安认为，评价是"对事物的价值高低的判断，包括对事物的质与量作描述和在此基础上作出的价值判断。"❷理论界对于评价的研究有很多，国内外学者对评价内涵的理解也不尽相同，通过梳理可以看出，他们对评价的界定大致可以分为两类：强调评价是一种价值判断；强调评价是一个过程。在跨学科学习评价的研究中应该更加强调其过程性。跨学科学习评价是指在跨学科教与学的过程中，教师对学生学的效果评估与判读。

第三节　评价是跨学科学习的保障

跨学科学习评价是衡量保障跨学科学习效果的重要手段，对跨学科学习具有以下几点重要意义。

一、探索跨学科学习的需要

为适应科技发展和社会文化变迁的需要，紧跟国际教育改革的发展趋势，全面推进素质教育，提高基础教育的教育质量，2001 年教育部颁布并实施了《基础教育课程改革纲要（试行）》（以下简称《纲要》），在全国范围内实施

---

❶　关文信.初等教育课程与教学论［M］.北京：中国人民大学出版社，2006：161.

❷　王道俊，郭文安.教育学［M］.北京：人民教育出版社，2009：266.

基础教育新课程改革。《纲要》明确要求"改变课程实施过于强调接受学习、死记硬背、机械训练的现状，倡导学生主动参与、乐于探究、勤于动手，培养学生搜集和处理信息的能力、获取新知识的能力、分析和解决问题的能力以及交流与合作的能力"。这无疑是对以教师、教材和课堂为中心的传统课堂教学模式的根本性颠覆。

然而，我国传统的课堂教学历经近百年的发展，已形成了强大的理论积淀和思维定式，加之我国没有经历杜威引导的"新教育运动"❶，以及传统课堂教学相对于教师而言所具有的操作简单等特点，都加大了转变课程实施方式和学生学习方式的阻力。课堂教学如何走出传统、走进新课程，是当前基础教育领域必须面对和回答的基础性问题。由此，跨学科学习的实践探索需要评价作保障，才能有效地逐步推进，达成目标。

二、实施跨学科学习"有效教学"的必然要求

"自从教育产生以来，如何有效地教？怎样做一个成功的老师？教师如何教得轻松而学生可以学有所成？历来是教学实践的基本追求。"❷近现代以来，课堂教学成为学校教育活动最基本的构成，因此，课堂教学的有效性，就成了实施"有效教学"的基础和关键。

什么样的课堂教学才是有效的课堂教学呢？这是人们在追求课堂教学有效性的过程中必然会遇到也必然会提及的问题。过去，人们一直关注教师如何有效地讲，现在人们开始关注学生如何有效地学习。而杰里·布罗非（Jere Brophy）则在不同的维度上设计和研究课堂教学，并提出了"有效教学"的十二个原理，即建立支持性的课堂气氛，将课程学习时间都尽量用在与课程有关的学习活动中，课程一致性，建立学习定向，连贯一致的内容，深入细致的对话讨论，练习与用活动，支持学生参与学习，学习策略指导，合作学习，聚焦学习目标的评估，成就期望，❸从而为有效课堂教学提供了一个基本的依据。然而，无论什么样的理论和原理，要想用其指导课堂教学实践，除了深

---

❶　叶澜.新基础教育论［M］.北京：教育科学出版社，2006：246.

❷　高慎英，刘良华.有效教学论［M］.广州：广东教育出版社，2004：5.

❸　马斯洛.自我实现的人.许金飞，刘峰，译.上海：生活·读书·新知三联书店，1987.

入地理解、学习之外，最行之有效的手段就是将其转化为课堂教学的评价标准和机制，并依此严格进行课堂教学的评价。这样，一方面，评价标准可以作为教师改进课堂教学的标准和方向；另一方面，以利益或发展趋动为主导的评价机制可以激励和促进教师改进课堂教学的主动和积极性。这一引一推，将为提升课堂教学的有效性提供坚实的保证。

三、提高教师跨学科能力的必要条件

教师专业发展既是提高教育教学质量，促进学校发展的根本保证，也是教师人生价值、社会价值的实现途径和基本体现。传统的学校管理理念下一直把业务培训作为教师专业发展的唯一途径，进而组织了各种形式、规模不等、层次不一的业务培训。但是，实践证明，仅仅依靠培训并不能真正提高教师的专业素质，唯有教师的自主发展，才是教师专业发展的有效途径。

美国心理学家班杜拉认为："人既不是由内部力量驱动的，也不是被外部刺激自动塑造和控制的。人的机能的实现是根据三合一互利互惠模型解释的，在该模型中，行为、认知和他人的因素以及环境因素三者作为互相决定因素共同起作用。"❶根据这一观点，要促进教师的专业自主发展，学校就必须构建一定的"场域"或环境。而构建并实施有效课堂教学的评价体系，既能使教师明晰个人专业发展的方向，受到评价体系的引导和推动，又能够生成一个人人研究和实施有效教学、追求专业发展的场域，从而形成班杜拉所说的"三合一互利互惠模型"，激励教师的专业发展。

四、促进学生可持续发展的重要保证

任何时代的教育都会受到当时社会经济、文化等方面的影响。在这个科学技术日新月异、国际化、信息化日益加剧的时代里，社会对人才提出了新的要求，然而，我国在"应试教育"环境下培养出来的人已经远远不能适应社会发展的要求了。"应试教育"体现了为了少数升学有望的学生而教育的

---

❶ 申继亮, 王鑫, 师保国.青少年创造性倾向的结构与发展特征研究.心理发展教育, 2005(04): 28–32.

思想，素质教育是针对这一弊端提出的以促进全体学生全面发展为目的的教育。跨学科学习评价从学生发展性出发，其基本思想"为了一切学生，为了学生的一切，一切为了学生"，从而真正体现了提高国民素质的基础教育的目的，实现学生可持续发展。

第十五章　跨学科学习目标评价

第一节　跨学科学习实践教学目标评价取向

跨学科学习目标的评价首先应体现在关注学生的发展，即以学生的发展来审视课堂教学的优劣，同时也要求我们将课堂教学评价的重心由关注教师转移到关注学生上来。课堂学习不应该是，或不主要应该是评价教师备课备得如何，教师基础知识、教学内容的讲授是否到位，教师的教学任务是否完成等，而应该将视线转移到学生是否积极地参与了教学过程、学生身上是否发生了真实的学习、学生真正学习的效果如何等。一句话，课堂教学的本质在于学生的自我评价，课堂学习评价应以学生的发展为根本评判标准。

跨学科学习评价需要落实到教学过程中，就要求教师认真研究课堂教学策略，激发学生学习热情，鼓励学生探究，体现学生主体地位，高效实现目标。在这里，教师的一切教学艺术都是通过学生的主动学习、积极探究以及师生间的互动得以体现。相应地，在确定课堂学习评价指标体系时，就要从学生全面发展的需要出发，注重学生的学习状态和情感体验，强调尊重学生人格和个性，鼓励发现、探索和质疑，培养学生的创新精神和实践能力。然而，转变现有评价理念并非是一件简单的事情。评价者的评价观往往受其所处的特定历史文化传统的影响，受其内在的价值取向和价值观念的影响，因而评价观念的转变需要一个过程。我们需要阅读一些相关的教育教学著作及文章，理解、体验和感悟先进的教育教学理念，结合教学实践思考传统课堂教学评价方式存在的缺陷，仔细分析以学生为本课堂学习评价的理论基础和应用背景，及时对评价过程进行批判反思。

第二节　跨学科学习教学评价具体内容

在以往教学中，教师在做课堂教学设计中往往使用三维目标，即教育教学过程中应该达到的三个目标维度，分别是知识与技能、过程与方法、情感态度与价值观。"三维目标"是一个教学目标的三个方面，而不是三个独立的教学目标，它们是统一的不可分割的整体。而在跨学科学习评价中依旧以三维目标为引领，但也不同于传统三维目标内容。主要表现在：

（1）在知识与技能方面，着重考虑学生在跨学科学习中合作、创新、信息搜索能力的获得而不仅仅是知识的获得；

（2）在过程与方法方面，主要从学生的情绪状态、注意状态、参与状态、思维状态、生存状态、合作状态等方面进行关注，尤其着重考虑学生的自主性和体验性。

（3）在情感、态度、价值观方面，着重考虑激发学生的合作意识、探索兴趣以及对学习的好奇心和求知欲。

第十六章 跨学科学习课堂教学过程评价

在当前席卷全球的基于标准的教育改革浪潮中，课堂评价被置于这场改革的风口浪尖上，成为界内外共同关注的核心问题。课堂评价作为最直接、最有效、最便捷的评价形式是课堂评价的基本组成部分和核心实现形式，具有不可替代的地位和作用。同时，课堂本就是教师与学生共同建构的世界，课堂空间里所蕴藏着的复杂多变的结构与情境使得课堂生活充满活力，从探讨教师在课堂生活情境中的即时评价入手，关注课堂，关注课堂中师生的生存状态，是本研究的初衷所在。

《课程标准》对教育评价提出了这样的要求："以培养和发展学生科学素养为宗旨的课程需要与之相适应的评价体系，这一体系既要评价学生对知识的掌握情况，更要重视对学生科学探究能力、情感态度与价值观等方面的评价。"基于此，跨学科学习的评价侧重于过程评价，关注学生的学习过程，肯定学生的进步。过程性评价包括学生自评、同伴互评和教师点评，教师需制定一份戏剧选修课的过程性评价表，让学生以小组为单位进行过程评价。

基于此，跨学科学习评价以"促进学生发展的过程评价"为基本问题，围绕过程评价的三大问题"是什么、为什么、怎么做"进行展开。其中，"是什么"是基础性和前提性问题，是"为什么"和"怎么做"的基础。

第一节 跨学科学习的过程性评价是什么

杜威在"教育无目的"的理念中阐明了他的过程思想。他指出，生活、生长和经验改造是循序渐进的积极的发展过程，教育目的就存在于这种过程之中，生长的目的是获得更多更好的生长，教育的目的就是获得更多更好的教育。其实，他的教育无目的，并非绝对意义上的无目的，而是指教育无预设的目的。因为教育的目的就在教育的过程之中，教育过程不是手段而是目的。是教育要使学生成为教学活动的积极参与者，而不是漠不关心的旁观者。其实质，是强调教育要激发学生的学习动机，因为动机能激发新的学习需求，这样的学习动机正是教育所期待的。英国教育哲学家彼得斯则认为，知识以及教育本身具有内在的价值，因而无需通过教育的结果来加以证明。跨学科学习则注重学生在课堂学习的过程，并把过程性评价作为衡量学生实际习得、评价学生学习情况的一个重要指标。

第二节　跨学科学习过程性评价的要求

一、关注学习过程，生成不同层学习的良性互动

学生在学习的过程中会采取不同的学习方式，不同的学习方式又会导致不同的学习结果。跨学科学习过程性评价关注学生学习过程中的学习方式，通过对学习方式的评价，将学生的学习方式引导到深层式的方向，过程性评价中的学生自评、互评的方法，可以使学生逐步把握正确的学习方式，树立正确的学习动机，掌握适合于自己的学习策略，从而真正提高学习的质量与效果。其结果是形成"深层式学习方式—高层次学习结果—深层式学习方式"的良性互动。

二、重视学生课堂非预期成果，提升学生创新能力

学生的学习过程是丰富多样的，个体的学习经历也会产生不同的学习结果。跨学科学习中的过程性评价则将评价的视野投向学生的整个学习经验领域，认为凡是有价值的学习结果都应当得到评价的肯定，而不管这些学习结果是否在预定的目标范围内。其结果是，学生的学习积极性大大提高，学习经验的丰富性大大增强，创新能力超乎想象，这正是跨学科学习所期待的最终目标。

第三节　跨学科学习过程性评价的内容

一、过程性评价的分类

依据评价主体划分，可以将过程性评价分为学生自评、同学互评和教师点评三类。

过程性评价中的学生自评、同学互评，是指在一个阶段的学习结束时，学生对于自己和他人在学习过程中的学习方法、学习态度进行的自我反思与相互评价。教师点评则是对学生自评、互评过程中表现出来的突出的事例进行的引导性评价。

跨学科学习中，根据不同课程的不同目标，教师设计了不同的评价手册。就英语戏剧课程而言，评价的主要方向是学生在课堂完成任务过程中对自我的认识、同学间的相互评价以及教师对每个学生在学习、活动过程中能力的展现三个方面进行评价。跨学科学习评价手册从"我的感受""我的收获""我对自己说""朋友对我说""家长对我说"几个方面，帮助学生从多个角度发现自己的优势，提升学生对自我的认知和自信。同时又从学校、朋友、家庭多个维度帮助学生找到自己的不足，给学生创设提升的空间，摒弃了传统的只评价结果，忽略学生成长的评价方式，用可持续的眼光看待学生、评价学生、帮助学生全面发展。

学校在进行跨学科学习的过程中，设计了"小组合作量表"（见表4-1），通过"小组合作量表"在课堂中的应用，学生能够有效地进行自我评价、小组评价等，通过评价，实现课堂学习的有效性与高效性。

表4-1　小组合作量表

小组合作学习 （次数）	学生参与 程度	学生合作 情况	在交流中 能否解决问题	自主、合作、探究 的氛围
第一次				

续表

小组合作学习（次数）	学生参与程度	学生合作情况	在交流中能否解决问题	自主、合作、探究的氛围
第二次				
第三次				
第四次				
第五次				
第六次				
第七次				

二、依据评价层次划分，可以分为教师对小组的评价和小组对个人的评价

跨学科学习中的分层评价是在教学的过程中进行的"嵌入式"过程性评价，通常采用竞赛的方式来进行。通过"学习共同体"的建立和竞赛模式的构建，使学生产生紧迫感和压力，促进学生在课堂中表现自我，激发自主学习能力和创新能力。最后在一个阶段学习结束时，通过小组内部同学互评的方式再评定到学生个人。由于采用竞赛的方式进行，学生参与的积极性高，有利于增强课堂教学的效果。

三、依据评价的规范程度划分，可以分为程序式评价与随机式评价

跨学科学习重视学生的习得与反思。实践中的程序式评价是在一个学习阶段结束时，教师组织的旨在反思与评定学生的学习过程的评价。评价本身就是促进学生提升能力的方法，通过评价学生能够更深层次地了解课堂中知识习得情况、能力发展现状以及自身不足。

表4-2 跨学科学习——英语戏剧课程程序试评价表

自我评价				
	第一次	第二次	第三次	第四次
课堂积极发言	☆☆☆	☆☆☆	☆☆☆	☆☆☆
认真听别人发言	☆☆☆	☆☆☆	☆☆☆	☆☆☆

续表

自我评价				
	第一次	第二次	第三次	第四次
积极参与课堂讨论	☆☆☆	☆☆☆	☆☆☆	☆☆☆
同伴评价				
积极参与小组讨论	☆☆☆	☆☆☆	☆☆☆	☆☆☆
遵守小组以及课堂规则	☆☆☆	☆☆☆	☆☆☆	☆☆☆
尊重他人	☆☆☆	☆☆☆	☆☆☆	☆☆☆
教师评价				
认真听讲，自主思考	☆☆☆	☆☆☆	☆☆☆	☆☆☆
积极参与班级问题讨论	☆☆☆	☆☆☆	☆☆☆	☆☆☆
作业认真及时完成	☆☆☆	☆☆☆	☆☆☆	☆☆☆

随机式评价则没有相对固定的时间、地点与完整的评价程序。它通常是在教学的过程中进行的，不作评价记录，其结果也不用作对于学生进行总体评价的依据。

同时，根据课堂教师的表现，跨学科学习研究小组也进行了"课堂教学评价指数"的设计。通过对教师课堂进行评估和打分，结合对学生的过程性评价，对课堂时效性、高效性进行有效把控。以语文阅读课程为例，表4-3为课堂教学评价指数表。

表4-3 课堂教学评价指数表

执教教师	内容	时间	
一级指标	二级指标	分值	得分
基础性评价总分（50分）	1. 课堂教学设计合理、时间分配得当		
	2. 教师普通话正确流利，语音抑扬顿挫		
	3. 板书工整，思路清晰		
	4. 教师教学机智灵活，因势利导		
	5. 注重课堂调节，学生参与度高，课堂教学井然有序		
	6. 学生能在课上广泛思考、讨论、观摩等活动，知识、创新思维得到培养，获得较好的情感体验		
	7. 运用更灵活多样的评价方式，使学生得到成功体验		

续表

阅读性评价总分（50分）	1. 课文把握准确、重点突出、难点突破		
	2. 教学中渗透阅读方法的培养和阅读技巧的指导，处处体现学生的主体性		
	3. 不同层次的学生阅读水平得到提高		
	4. 阅读中注重情感体验和整体把握		
	5. 鼓励学生理解阅读文本，并参与讨论主动发表自己的意见		
	6. 在阅读中培养积极健康的情感、态度、价值观，激发阅读兴趣和培养良好的学习习惯		
	7. 教学拓展合理，密切联系学生实际		
	8. 三维目标完成良好，不同层次都有收获，效果好		
评价人		总分	

第四节　跨学科学习的评价方式

一、注重过程评价，让每个学生都得到成功体验

跨学科学习的实施过程，教师通过灵活多样的评价方式激励和引导学生学习，促进学生全面发展。通过学生的学习能力和解决问题能力，教师引导学生进行自我评估、生生互评，找到自己的不足和优势后，评价自己改正问题的能力和发挥优势的能力。教师在向学生呈现评价结果时采用评价报告、学习建议的方式，采用鼓励性的语言，激发学生的内在学习动机，帮助学生明确自己的不足和努力方向，促进学生进一步的发展。

二、加强学生课堂主体地位，实现评价主体的多元化

教师在跨学科学习中起的是引导作用，课堂真正的主人是学生。教师的评价多为引导性，学生多用"自评""互评"的方式进行评价。在评价过程中，教师会引导学生进行合理的交流，给自己"争取"好评的机会，锻炼学生口

才和谈判能力，利用评价引导学生全面发展。

三、关注学生的个别差异，鼓励学生的创造实践

学生间存在巨大的差异，评价的标准也不能够统一。关注每一个学生的成长是跨学科学习评价的最终原则。在评价过程中，每一个学生的习得都会被记录在案，评价的内容是"看我是不是比昨天的自己提高一点，是不是比曾经的自己努力了一些"。只要有所提升，就会获得好评，只要有所收获，就会获得赞美。

第十七章 跨学科学习教学成果的评价

如何建立跨学科学习评价指标体系及如何进行操作，引导一个跨学科教学领域的校本课程的科学开发，将跨学科学习融于校本课程的开发评价，可采用质性与量化评价结合的方法。其中质性评价利用谈话考查学生。通过跨学科教学素质的培养，可以帮助老师在教学中及时改进教育教学工作，及时更新教师教育观念，提高自身的研究能力。而量化评价以应用性评价——"纸笔测验"为主，这其中既包括学生所学知识的掌握也包括对学生综合能力的评价。

第一节 量化评价

一、学生自评量表

采用相对较成熟的量表测量学生综合能力。所采用的量表均得到信效度检验，适合学生施测。

1. 合作能力

对于合作能力的定义众说纷纭，但是基本上包含以下几个层次：

第一，小组活动为主，采用异质分组。在小组活动中，合作能力强调异质分组，例如，小组成员在性别、年级、专业、成绩等方面存在一定的差异，使其在小组活动中具有一定的互补性，使学生能够充分发挥自己的潜能，使自己拥有更大的发展空间。

第二，强调小组成员的合作互助。合作能力体现在小组之间的合作关系，互相合作，相互帮助，优势互补。

第三，强调总体成绩作为激励。各个小组通过合作学习的形式来完成目标，以完成目标过程中合作能力的总体成绩作为依据给予适当的奖励。这种奖励机制可以促进小组之间的竞争，有利于学生把个人竞争转化为小组竞争，从而使各个小组的成员更好地发挥自己的才能与优势。

我们将合作能力定义如下。合作能力（cooperation ability）是指人们在学习、生活或社会关系中，为追求共同的目标，享受共同活动带来的快乐；或为了加深彼此的关系，以一种协调的方式共同完成目标时所表现出的各种个性特征的总和。

我们的研究采用华中师范大学王斌、李芙蓉等自编的合作能力量表。本量表共有 42 道题，分为合作意识和合作技能两个方面。合作意识主要包括合作认知（第 1~11 题）、合作情感（第 12~17 题）和合作意向（第 18~22 题）这三个维度，合作技能包括人际互动（第 23~29 题）、冲突管理（第 30~35 题）、情绪控制（第 36~39 题）和组织领导（第 40~42 题）这四个维度，见图 4-1。量表采用李克特五点评分，从"完全不符合"到"完全符合"计为 1~5 分。本量表的内部一致性信度为 0.94，分半信度为 0.87。7 个因素的同质性信度在 0.74~0.92 之间，分半信度在 0.70~0.88 之间。问卷详情见附表 1。

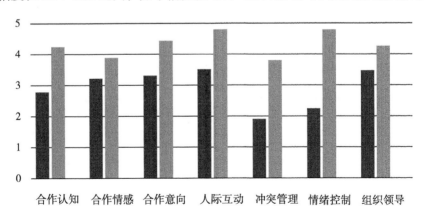

图 4-1　学生合作能力前后测评统计表

通过本量表对学生合作认知、合作情感、合作意向以及人际互动、冲突管理、情绪控制和组织领导进行详细的测量。可以更加直观细致地看到学生们在不同维度上的变化。通过图4-1可以看到学生在学期初和学期末在合作能力方面的变化。其中可以看到学生经过跨学科学习之后合作能力在不同维度都有不同程度的提升，可见跨学科合作教学对学生合作能力有十分重要的影响。

2. 创造力

人本主义心理学家对创造力的科学研究发现，创造力普遍存在于人类，是人的一种潜能，这种潜能存在于人的自我实现的倾向中，每个人都有寻求实现自己的愿望而努力充实创造性工作的倾向。吉尔福特曾大致勾画了创造性人格特质的主要组成方面，他认为："创造性人格应与进步的人生态度、肯定的自我意识、强烈的内在动机、独特的认知风格和丰富的情感智慧相关联。"这表明了创造性倾向与创造性人格的紧密关系。

我国学者申继亮（2005）认为：创造性倾向是个体对创造性活动所具有的积极的心理倾向，对个体的心理过程起着调节的作用，为个体创造力的发挥提供着心理状态和背景，通过引发、促进、调节和监控对创造力发挥作用，具有良好的创造性心理特征，即创造性倾向是创造力发展和发挥不可缺少的心理保障。创造性倾向的发展有其自身的规律，何金荼等（1993）研究发现，小学生创造性倾向随年级的增加而增加。

本研究采用的量表是林幸台教授修订的威廉斯创造性倾向量表，共50题（详见附表2）。本量表为李克特三点量表，量表四个因子为：冒险性、好奇心、想象力、挑战性。冒险性指大胆猜测、试验及敢于质疑、能运用自己的想法解决问题。好奇性指向了解未知事物，对一事物感到怀疑并提出问题，然后试图去调查、探询以求事物的真相。想象力指头脑中将各种意向构思出来，它使人们能超越现实的限制，进入一个无所不能的世界。挑战性指寻求可行的办法，具有解决各种复杂问题的能力，敢于提出各种问题。量表各项分数 α 系数介于 0.401~0.708 之间，总分 α 系数介于 0.765~0.810 之间，同时效度以《修订宾州创造性倾向量表》为效标，其两者相关介于 0.591~0.810 之间。

本量表共 50 题，包括冒险性、好奇性、想象力、挑战性四项。

二、阶段性学生跨学科学习"纸笔"测验

主要考查跨学科教学课程是否有效，学生在参与课程过程中，是否能达到课程目标，是否有证据表明学生在认知、情感和心理动力上成绩有所提高。以主题实践活动为主举例说明。

学校三年级教师围绕"绿色城市"这一主题，全校包含了语文、科学、计算机、劳动、英语等在内的十多个学科，教师以"绿色城市"为主题开展学科联动，为培养学生多种能力如跨文化交流能力、批判思考能力等共同制定了课程安排表，详见表 4-4。

表 4-4　绿色城市多学科联动主题设计

学科	课时	相关阅读	核心素养	内容	形式
语文	2	生态与环保的故事	批评、思考、解决问题	校园一周乱扔垃圾现象	调查
科学	2	一粒种子的旅行	解决问题	植物怎么传播种子	调查、观察
计算机	1	网络资源	信息与通信技术素养	补充调查内容	查找
劳动	1	阳台种植	责任感	小空间大利用	种植
英语	1	保护环境	跨文化交流能力	植树	对话
体育	2	奔跑吧贝蒂	解决问题	用脚步寻找绿色城市	踏青
数学	1	冒险岛数学奇遇记	灵活与适应	估算绿植面积	踏青
音乐	1	草地时钟	灵活与适应	与植物相关的歌	合唱
美术	1	花鸟世界	创新	我心中的绿色家园	绘画

表 4-4 中，通过这样的学习，教师可以更好地对学生学习成果进行检验。

第二节　质性评价

一、观察法

观察法也是跨学科学习质性评价中最基本的收集资料的方法之一，它是

指评价者在一个真实的课堂情境中，通过倾听、观看被评价者的言行，对其进行评定和理解的方法。比如，跨学科合作教学师生互动课堂观察量表，见表 4-5。

表 4-5　课堂教学观察表（师生互动等级量表）

		观察内容	次数	效果评价				
				A	B	C	D	E
观察记录	教师提问类型	1. 描述性问题						
		2. 判断性问题						
		3. 论证性问题						
	学生提问类型	5. 理解性疑惑						
		6. 判断性疑惑						
		7. 实证性疑惑						
	互动类型	8. 师生互动						
		9. 生生互动						
		10. 师班互动						
	教师对互动过程的推进	11. 以问题推进互动						
		12. 以评价推进互动						
		13. 以非语言推进互动						
	言语互动过程记时	14. 30 秒以下						
		15. 30 秒以上						
	教师对学生提问的态度	16. 热情						
		17. 冷漠						
		18. 忽视						
	互动管理	19. 有效调控						
		20. 放任						
	生生合作	21. 经常						
		22. 偶尔						
评价与建议								

再比如表 4-6。

125

表 4-6　跨学科学习课堂教学观察表

项目	1	2	3	
学生知识、技能掌握情况（解答问题的情况、学生的表情状态）				说明： 1= 好 2= 中 3= 差
学生操作技能掌握情况（能判断操作的正误、独立准确有条理地进行操作）				
学生的注意力（整堂课集中注意、大部分时间集中注意、该集中注意时能够集中、有时候集中注意、注意力涣散）				
学生学习的参与情况（课堂提问回答的主动性、课堂讨论参与的积极性）				
学生的合作性（听别人意见、积极表达自己的意见）				
学生的思维状况（能有条有理地表达自己的意见、用不同的方法解决问题、解决问题的过程清楚、独立思考、做事有计划）				
总评：				

二、成长档案袋

　　档案袋评定是汇集学生作品的样本，但它们的目的和内容是展示学生的成长进步状况。包括学生实践作业等作品，格式不限，包括视频、文本等。如寒暑假自主学习作业以及自主阅读学习单等，收集、整理、发现学生成长过程中的印迹，为学生的不断进步做好资料的留存。

附表 1 小学中高年级学生合作能力量表

题　　目	完全不符合	不太符合	不确定	比较符合	完全符合
1. 我认为个人和班级的发展与进步离不开人与人之间的合作					
2. 我认为要取得成功不是与人为敌，而是要与人合作					
3. 我认为与人合作可以形成良好的团队精神					
4. 我认为与人合作可以相互帮助，共同进步					
5. 我认为只有合作才能获得生存空间，善于合作才能赢得发展					
6. 我认为合作无时不在，无处不在					
7. 我认为与人合作是每个人必须具备的能力					
8. 我认为与人合作可以找到归属感和成就感					
9. 与人合作让我们互相帮助，共同进步					
10. 与人合作让我体会到团队的力量					
11. 合作让我们双赢					
12. 我与他人相处时总觉得自己格格不入					
13. 与人合作时我会觉得自己被冷落					
14. 与人合作时一点也不自由					
15. 我体会不到合作给我带来的任何益处					
16. 我宁愿自己努力也不愿意与人合作					
17. 我对与人合作不抱任何希望					
18. 与人合作时我愿意为团队承担额外的工作					
19. 即使与人合作受到挫折，我还是会选择与人合作					
20. 为了完成共同的目标，我甘愿奉献和牺牲					
21. 当团队或组织需要我做出奉献时我会毫不犹豫					
22. 为了团队或他人的利益，即使受到委屈我也会毫无怨言					
23. 当我和别人一起工作时，我愿意相互帮助					

续表

题　　目	完全不符合	不太符合	不确定	比较符合	完全符合
24. 我会尽职尽责地完成自己的任务					
25. 他人向我求助，我会给他提示和引导					
26. 我乐意把我的经验或资源与他人分享					
27. 我愿意从小组其他成员那里获得新的信息和资讯					
28. 我与同伴相互鼓励					
29. 同伴间的期望和鼓励会增强我完成任务的责任感和信心					
30. 我坦诚表达自己的观点、意见、感受					
31. 讨论中，我提问题积极主动并合理地表达不同意见					
32. 当提出的合理建议被否定，我会再找机会表述看法					
33. 我明确自己的工作职责和权利					
34. 我能给自己中肯的评价					
35. 我能给同伴客观公正的评价					
36. 我能体解、包容他人的失误或错误					
37. 我能很好地控制自己的情绪					
38. 我很少与朋友发生冲突，若有也会很快化解					
39. 当我或他人的注意力偏离目标任务时，我会及时调整					
40. 我会合理质疑他人看法或行为					
41. 我善于把工作分解开让合适的人做					
42. 我会促进自己或团队与其他成员和团队间的合作					

附表 2   小学生创造力量表

题　　目	完全 符合	部分 符合	完全 不符合
1. 在学校里，我喜欢试着对事情或问题做猜测，即使不一定都猜对也无所谓			
2. 我喜欢仔细观察我以前没有看过的东西，以了解详细的情形			
3. 我喜欢听变化多端和富有想象力的故事			
4. 画图时我喜欢临摹别人的作品			
5. 我喜欢利用旧报纸、旧日历及旧罐头等废弃物制作成各种好玩的东西			
6. 我喜欢幻想一些我想知道或想做的事			
7. 如果事情不能一次完成，我会继续尝试，直到成功为止			
8. 做功课时我喜欢参考各种不同的资料，以便得到多方面的了解			
9. 我喜欢用相同的方法做事情，不喜欢去找其他新的方法			
10. 我喜欢探究事情的真假			
11. 我喜欢做许多新鲜的事			
12. 我不喜欢交新朋友			
13. 我喜欢想一些不会在我身上发生的事情			
14. 我喜欢想象有一天能成为音乐家或诗人			
15. 我会因为一些令人兴奋的念头而忘记了其他的事			
16. 我宁愿生活在太空站，也不喜欢住在地球上			
17. 我认为所有的问题都有固定的答案			
18. 我喜欢与众不同的事情			
19. 我常想要知道别人正在想什么			
20. 我喜欢故事或电视节目所描写的事			
21. 我喜欢和朋友一起，和他们分享我的想法			
22. 如果一本故事书的最后一页被撕掉了，我就自己编造一个故事，把结局补上去			
23. 我长大后，想做一些别人从没想过的事情			
24. 尝试新的游戏和活动，是一件有趣的事			
25. 我不喜欢太多的规则限制			
26. 我喜欢解决问题，即使没有正确的答案也没关系			

续表

题　　目	完全符合	部分符合	完全不符合
27. 有许多事情我都很想亲自去尝试			
28. 我喜欢唱没有人知道的新歌			
29. 我不喜欢在班上同学面前发表意见			
30. 当我读小说或看电视时，我喜欢把自己想成故事中的人物			
31. 我喜欢幻想 200 年前人类生活的情形			
32. 我常想自己编一首新歌			
33. 我喜欢翻箱倒柜，看看有些什么东西在里面			
34. 画图时，我很喜欢改变各种东西的颜色和形状			
35. 我不敢确定我对事情的看法都是对的			
36. 对于一件事情先猜猜看，然后再看是不是猜对了，这种方法很有趣			
37. 玩猜谜之类的游戏很有趣			
38. 我对机器有兴趣，也很想知道它里面是什么样以及它是怎样转动的			
39. 我喜欢可以拆开来玩的玩具			
40. 我喜欢想一些新点子，即使用不着也无所谓			
41. 一篇好的文章应该包含许多不同的意见或观点			
42. 为将来可能发生的问题找答案，是一件令人兴奋的事			
43. 我喜欢尝试新的事情，目的只是想知道会有什么结果			
44. 玩游戏时，我通常是有兴趣参加，而不在乎输赢			
45. 我喜欢想一些别人常常谈过的事情			
46. 当我看到一张陌生人的照片时，我喜欢去猜测他是怎么样的一个人			
47. 我喜欢翻阅书籍及杂志，但只想知道它内容是什么			
48. 我不喜欢探寻事情发生的各种原因			
49. 我喜欢问一些别人没有想到的问题			
50. 无论在家里时还是在学校，我总是喜欢做许多打趣的事			

第 五 部 分

跨学科学习的实践探索

教学设计

课题：剪纸中的数学

授课教师：贾天敬 年级：二年级

授课学科：数学 跨学科相关领域：劳动、美术、剪纸

一、教学分析

（一）教材分析

人教版数学二年级下第三单元《图形的运动（一）》，属于空间与图形领域，内容涵盖认识轴对称图形，图形的平移、旋转，用轴对称图形的知识解决问题等。教材多次通过折一折、画一画、剪一剪等做出一个轴对称图形；通过移一移，用学具模型画图等感受图形的平移；通过制作陀螺并转一转，感受点的旋转等。教材中解决问题部分，选取了中国民间传统的手工艺"剪纸"为素材，在"生活中的数学"板块，介绍了民间的剪纸艺术。

传统文化课程——剪纸，以传统民间剪纸艺术与小学劳动、美术教育的整合为切入点，拓宽传统剪纸审美文化和表现内容，构建适合学生的剪纸活动体系。通过剪纸活动引导学生积极参与文化的传承与交流，开发学生非智力因素，陶冶情操，提高审美能力，促进学生个性的和谐发展。

（二）学情分析

学习完第三单元《图形的运动（一）》，学生已经直观地认识了轴对称图形，理解了图形的平移和旋转，能利用轴对称图形的简单知识解决实际问题，感受到了图形的运动在生活中的应用。

学生通过二年级开设的剪纸课，已经掌握基本的剪纸方法，并能自己动手操作剪出简单图案。

以上学情都为本节课的教学提供了保障。但是学生对于剪纸中的数学知识仍处于一种迷茫的感性认识阶段，掌握的比较零散，不够系统。因此，本节课让学生在欣赏以及动手操作中，系统感受剪纸中的数学知识——轴对称、平移、旋转，培养想象力和创造力，发展分析整合能力，提升表达运用能力。

二、教学目标

（1）知识与技能：结合剪纸作品，感知轴对称、平移与旋转现象。

（2）过程与方法：通过欣赏、观察、动手操作，感受剪纸中的轴对称、平移、旋转现象，体验在剪纸中提取数学知识的方法。

（3）情感态度价值观：在欣赏、操作中感受剪纸的美，培养想象力和创造力，发展分析整合能力，提升表达运用能力。

三、教学过程

（一）欣赏剪纸作品

1. 谈话引入

从学生的属相，引出剪纸作品——鼠、猪。

2. 欣赏剪纸作品：十二生肖

【设计意图】

从学生属相的剪纸作品引入，激发学习兴趣。在作品欣赏中，感受剪纸的艺术美。

（二）发现剪纸中的数学

1. 寻找十二生肖剪纸作品中的数学知识

学生发现轴对称、平移、旋转现象，在作品中渗透轴对称、平移、旋转的数学概念。

【设计意图】

培养学生用数学的眼睛发现问题，在剪纸中搜集提取数学知识的能力。

2. 再次欣赏剪纸作品

学生欣赏剪纸作品：喜羊羊灰太狼、圣诞老人、唐僧师徒、载歌载舞的小朋友、红灯笼。

【设计意图】

剪纸作品的再欣赏，丰富了学生对剪纸的认识，激发学习热情。

3. 寻找剪纸中的轴对称图形及平移、旋转现象

【设计意图】

从教师引导，再到自主寻找，给学生自由空间，培养学生学习探究精神。

（三）操作中创造美

1. 解析作品，寻找数学知识

出示三张学生作品，对其分析：

（1）数学知识——轴对称、平移、旋转；

（2）如何创作出来的，说明折纸方法的不同。

2. 动手创造剪纸作品

【设计意图】

感知剪纸的美,明白不同类型作品的折纸方法有所不同,激发创作的欲望。学生自己动手创造,用剪纸作品表现出数学中的轴对称图形及平移、旋转现象,培养想象力和创造力。

（四）作品展示 思考升华

1. 展示作品

2. 作品分类

有些作品只是轴对称图形，有些作品既有平移也有轴对称现象，既有旋转也有轴对称现象。

3. 交流过程 思考升华

（1）轴对称图形，左右两边沿着对称轴能完全重合。

135

（2）剪两个连续图形需要对折 2 次，剪四个连续图形需要对折 3 次，那么剪三个、剪五个呢？

【设计意图】

在展示、分类交流的过程中使剪纸与数学学科得到整合，发展分析整合能力，提升表达运用能力。

（五）总结

剪纸作品中有轴对称现象、平移和旋转现象，看来剪纸与数学的联系非常紧密！

四、板书设计

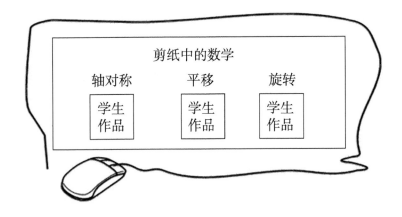

课题：图画里的童话

授课教师：关彦彦　　　　　　　　　　年级：三年级

授课学科：美术　　　　　　　　　　　跨学科相关领域：美术、语文

一、教学分析

（一）教材分析

绘本最值得强调的就是它的艺术性和文学性，它利用图画讲故事的方式，把原本属于高雅层次、仅供少数人欣赏的绘画艺术带到了大众尤其是孩子们的面前。这些图都是画家们精心手绘的，讲究绘画的技法和风格，讲究图的精美和细节，是一种独创性的艺术。可以说，好的绘本中每一页图画都称得上是艺术精品。同时，绘本可以表达特定的情感和主题，通过绘画和文字来说故事的一门艺术。

（二）学情分析

本课的授课对象是小学三年级的学生，这个年龄段的学生想象力丰富，对动手制作都有强烈的兴趣。

学生之前在美术课中学过《学画连环画》和《神话故事》的课程。在语文课中学过《盘古开天地》等课程。绘本制作是"造型表现"和"设计制作"的结合，也是美术课程与语文课程的结合。学生以生活中发生的事或者语文课文中学过的童话故事、寓言故事、成语故事，以及科学实验中的发现等为素材，绘制属于自己的绘本。

二、教学目标

（1）知识与技能目标：认识绘本的环衬和扉页，以及粘贴和装订的制作步骤。

（2）过程与方法目标：通过欣赏示范教学，发展学生的观察和想象能力，提高创造新形象的能力，并大胆进行艺术创作。

（3）情感目标：在实践活动中，培养学生探究精神和创新意识，鼓励学生在生活中要用创造性的眼光去发现美和创造美。

三、教学重、难点及教学准备

（1）教学重点：深入了解绘本的环衬和扉页以及粘贴和制作。

（2）教学难点：绘制绘本的环衬和扉页。

（3）教学准备：教材、课件、视频、绘本、装订器和打孔器等。

四、教学过程

（一）故事导入激发兴趣

（1）你们都听过青蛙变王子的故事吗？

（2）讲述《最完美的王子》绘本故事，并展示教师根据故事绘制的青蛙王子。

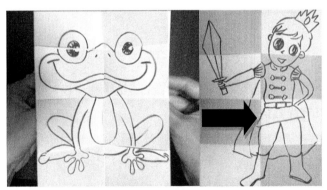

教师绘制纸质版青蛙变王子

【教学意图】

从学生语文课外阅读中学习到的童话故事导入，引导他们发挥想象力，激发他们的学习热情。

（二）温故知新，深入了解

（1）今天我们继续来学习图画里的童话——绘本制作课程。

（2）之前的课中我们制作了绘本的封面、封底和正文。

正文：在正文设计和绘画中，可以联系语文课本中的童话或者神话故事，还可以通过科学课学到的知识绘制绘本等等，巧妙地将生活中发生在身边的故事通过绘画的形式表现出来。

（3）环衬在什么位置呢？

环衬是很容易被漏看的一页，紧挨着封面。他们的颜色往往与讲述的故事十分吻合，从下图中你们发现了什么？

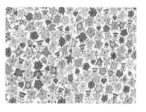

（4）扉页和文字的排列。

【教学意图】

了解绘本的结构、组成部分和一些颜色搭配及运用的技巧。

（三）学生实践，自由创作

（1）要求扉页图文并茂，颜色搭配富有创意；环衬要紧扣正文内容，图案有新意。

（2）小组合作，共同完成绘本的环衬和扉页以及最后的装订。

【教学意图】

使作业目的性更加明确；在绘画的过程中，懂得灵活使用介质，不拘泥于单一作画形式；享受创作过程，体验成功带来的喜悦；在玩中培养学生的观察力和热爱生活的思想感情。

（四）展示评价

（1）展示作品；
（2）评价作品；
（3）教师小结。

绘本是以画面为主，并用文字作为辅助，在文字处于辅助地位时，文字的组合、字号的大小、排列疏密就显得十分重要了。绘本设计也涉及了构图、文字排版的问题，画面不宜太满，适当地留白效果也会很棒。

现在科技越来越发达，而手绘本却越来越受到大家的喜欢，因为手绘富有童趣，也原汁原味。

在小学阶段拥有人生中第一个自己创作的绘本，并与别人分享创作成果。这种成就感提升了自信心，激励孩子们更加热爱艺术创作，带给孩子们更广阔的艺术天空。

学生作品——绘本《敬业的"黑骑士"》。《敬业的"黑骑士"》在北京市中小学绘本创作文稿和画稿的征集与评选中都获得北京市一等奖。

现在越来越多的人喜欢原汁原味的手绘本，因为可以通过画面看到作者的想法和创作过程。学生创作绘本可以开阔他们的视野，增长知识，在绘画的过程中打开想象的翅膀，让思绪自由翱翔。

五、板书设计

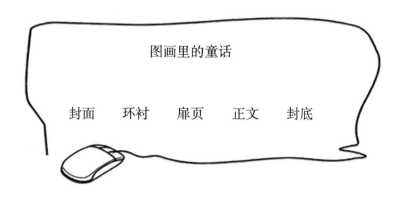

图画里的童话

封面　环衬　扉页　正文　封底

课题：古诗中的节气

授课教师：崔红艳　　　　　　　　年级：四年级

授课学科：语文　　　　　　　　　跨学科相关领域：语文、科学

一、教学分析

（一）教材分析

《乡村四月》《四时田园杂兴》是人教版课标教材四年级下册第六组围绕"走进田园，热爱乡村"专题的《古诗词三首》的两首古诗。前一首是诗人翁卷以白描手法写江南农村春末初夏时节的景象，表现了诗人对乡村风光的热爱与欣赏，也表现出对劳动生活、劳动人民的赞美。后一首诗是诗人范成大描写的乡村农人耕织以及儿童学着大人的样子耕种田地的情景。展现了农家夏忙时热烈的劳动场面，塑造了农村儿童天真、勤劳、可爱的形象。

诗中所描绘的农忙场景因为离学生实际生活较远，学生很难体会，因此课堂上教师借助节气的相关知识，让学生了解到为什么初夏时农民如此繁忙，进一步想象人们繁忙的场景，更有利于理解诗意，同时借助课外节气的资料和拓展的古诗，对节气知识有更深入的了解。

（二）学情分析

四年级学生初步具备了借助注释了解诗意的能力，但只是流于字面的背诵。作为教师应该引导学生挖掘教材的深度，加深对诗句的理解，对意境的想象；引导学生有感情朗读，读出诗的节奏美、语言美、诗境美、诗情美。

教学时指导学生在读通诗的基础上借助注释和插图理解古诗的意思；然后引导学生根据古诗"诗中有画，画中有诗"的特点，说出从诗句中自己看到的景象。四年级的学生对节气的了解仅停留在节气歌上，但是每个节气的特点是怎样的，都有什么讲究，因为离学生生活实际较远，所以学生知之甚少。

本节课，要在学生理解诗意的基础上，出示关于夏季节气的介绍，帮助学生理解课文诗中所描绘的画面场景。同时，借助课外拓展的诗和一些节气的资料，帮助学生了解更多诗中所反映的节气特点，感受到中华文化的博大精深。

二、教学目标

（1）正确、流利、有感情地朗读古诗，并背诵古诗。

（2）在理解诗意的基础上，结合重点词想象画面，感受古诗意境。

（3）借助科学方面的节气知识，感受到农村劳动人民的辛劳，体会作者对对乡村风光的热爱及对劳动人民的同情之心和赞美之情。

（4）培养学生阅读古诗及了解二十四节气相关知识的兴趣，让学生体会到科学、语文在生活实践中的应用，提高学生跨学科学习的综合能力。

三、教学过程

（一）谈话导入

（1）背节气歌。

（2）交流：二十四节气和农事的紧密关系。

（二）读诗题，解题意

（1）引入新课，板书课。

（2）读诗题，了解古诗所描写的季节。

（三）通读全诗，感受诗的节奏美

（1）初读古诗，读准字音。

（2）反复诵读，读出节奏。

重点指导：多音字了（liǎo）。

【设计意图】

新课标指出，对字词的学习应贯穿小学语文学习的始末，而且四年级学生应逐步培养自学识字的能力。在古诗教学中尤其要重视反复诵读，读出节奏，读出韵味。

（四）理解诗意，感悟诗的语言美

（1）结合注释，理解诗意。

（2）小组合作，理解诗句内容。

（3）在了解内容的基础上练习有感情朗读。

【设计意图】

新课标倡导"自主、合作、探究的学习方式"，让学生在组内说说，借助已有的知识和经验学习，借助注释，通过交流增进对古诗的理解和整体感悟。

（五）品味诗句，感悟诗的意境美

（1）抓住"绿原、白川、子规、烟雨"等重点词，想象画面，有感情朗读。

（2）总结方法：凭着多诵读、看注释、抓诗眼、想画面的方法体会古诗意境。

【设计意图】

对古诗教学而言，"披文入情"必须创设情境，以"意象"为中介想象意境。本教学环节把"绿原、白川、子规、烟雨"巧妙串联，变抽象为具象，使一幅完美的图画呈现眼前，学法的指导也在不经意中得以强化。另外，课堂有意识地想象补白，可以激起学生思维的火花，引发发散性思维，把学生的思维引向深入。

（六）学习《四时田园杂兴》

（1）读诗，感受繁忙。

出示：

乡村四月闲人少，才了蚕桑又插秧。

（2）结合资料体会繁忙原因。

出示：

《礼记》上说："夏之为言，假也。长之，养之，假之，仁也。"意思是说，万物在这一季节里，都要长大，走向成熟。

教师引导学生理解：如果错过这个时候植物就不能顺利生长，错过农时，到了秋天就不能收获。我国是农业大国，民以食为天，只有了解气候变化及时耕种，才能养活自己，因此早在春秋时期，我们的老祖先就已经有春夏秋冬的概念了，并且已经定出了春分、夏至、秋分、冬至四个节气。大约到了秦汉年间，二十四节气已经完全确立，人们为了方便记忆，编出了我们所学过的二十四节气诗。直到今天，我国农村许多地方依然按照二十四节气播种、施肥、收获。

（3）出示《田上》，进一步感受四月农民的繁忙程度。

田上

唐　崔道融

雨足高田白，披蓑半夜耕

人牛力俱尽，东方殊未明

【注释】

①雨足：雨十分大，充足；白：白茫茫。

②披蓑：披着草衣；蓑：蓑衣。

③俱：都。

④殊：尤，还，简直。

（4）谈感受，体会耕种的辛苦。

（5）以四人小组为单位，学习《四时田园杂兴》。

（1）指名读

（2）讲解诗句的意思，说说这首诗描写的是什么季节的风光？

（6）比较所描写场景的不同。

两着诗写的都是夏天的农村劳动场景。第一首先写景再写劳动场景，第二首写的是大人孩子的劳动场景。

【设计意图】

此环节引导学生借助关于节气的科学知识，让学生体会到农民的繁忙原因，同时借助课外古诗，引导学生感受农民的辛苦，进而使学生体会到诗人对劳动生活、劳动人民的赞美。同时，也增强了学生运用多种学科知识解决问题的意识。

（七）积累古诗，激发兴趣

布置作业：积累田园诗

四、板书设计

课题：唱给妈妈的摇篮曲

授课教师：戈桐　　　　　　　　年级：四年级

授课学科：音乐　　　　　　　　跨学科相关领域：音乐、戏剧、美术

一、教学分析

（一）教材分析

《唱给妈妈的摇篮曲》全国版义务教育教科书，人民音乐出版社，第七册，第八课的内容，是音乐与教育戏剧相结合，目的在于用戏剧的形式将音乐的意境表达出来，用形体建构空间、用绘画表现歌曲内容的温馨画面，从中体会到妈妈的爱。在学习方式上比较开放，学习内容上也比较自由。通过音乐图片等素材资源展开交流，让学生在活动中了解母爱的伟大。在学习的过程中，提高思维、表达能力以及与他人团结协作能力。

（二）学情分析

本课的授课对象是小学四年级的学生，四年级是小学生知识、能力、情感价值观形成的关键时期，他们对自我、他人有了一些浅显的认识。因本课程的开放性、活动性、实践性较强，绝大部分学生乐于学习，思维活跃。同时，他们已具备一定的语言沟通表达能力，在教学过程中，教师为学生设计小游戏，模拟场景等，学生可以自己思考、分配角色、设置表演情境。这样不仅提高学生的参与度，更加深学生记忆，锻炼学生的思维能力，以达到音乐素养教育中发展学生欣赏能力、表现能力和创造能力的要求。

二、教学目标

（1）知道这是一首 2/4 拍、具有摇篮曲风格的歌曲；

（2）感受歌曲优美的情绪和温馨的意境；

（3）通过小组学习活动，体会母亲的辛劳，加深对母爱的理解，让学生

在音乐、戏剧、美术跨学科学习中全面发展，提升学习综合能力。

三、教学过程

（一）暖身游戏，激发兴趣

1. 身体 ABC

（1）首先学生 1~3 依次报数，分为三组。教师拍响铃鼓，第一组学生随节奏步行，铃鼓停止后用身体摆出一个字母造型。

（2）教师拍响铃鼓第二组学生随节奏步行，铃鼓停止后学生与最近的同学两人一组摆出一个字母造型 M。

（3）教师继续拍响铃鼓，第三组学生随节奏步行，铃鼓停止后学生四人一小组用身体摆出一个单词 love。

2. "抱抱好"人数

老师请学生们在课堂里慢步走，当听到一个数字时，学生需立即凑足与数字相同的人，然后围在一起。

（二）倾听歌曲、建构画面

播放音乐思考：

（1）歌曲中唱的谁？描述了一个怎样的画面？

（2）你们能用哪些方式去构建这样的画面呢？

（3）请同学抽签决定小组要构建的画面，用大家喜欢的方式来展现。

①夜已深，在房间伏案睡着的妈妈。

②孩子心中的梦幻世界。

③给妈妈披花袄，梦中的妈妈微笑。

（三）情景模拟表演

（1）表演汇报。

（2）为什么妈妈愿意不辞辛劳地工作和照顾我们呢？我们对妈妈不光有感恩之心还有深深的眷恋。请你们取出小贺卡，写一句最想对她说的话。

（3）谁愿意把你最想对妈妈说的话给我们朗读一下？

（4）把小贺卡贴到黑板上来吧，相信妈妈一定能感受到你对她深深的爱。

（5）让我们一起用优美的歌声，演唱一首耳熟能详的歌曲《世上只有妈妈好》，用歌声表达对妈妈的爱和祝福。

（四）课堂小结

这节音乐戏剧课就要接近尾声了，我们在游戏中收获创意，音乐中展开想象、体验合作的愉快，希望我们带着这节课的收获过好生活的每一分每一秒。同学们，下课！

四．板书设计

课题：猜猜我有多爱你

授课教师：谢宝莲　　　　　　　年级：二年级

授课学科：语文　　　　　　　　跨学科相关领域：语文、美术

一、教学分析（教材、学情等）

1. 教材背景

《猜猜我有多爱你》，这是一本诞生于英国的图画书。这是一个表达爱的故事。这是一本薄薄的小书，浅浅的绿色和黄色的水彩，描绘出了一个简简单单的故事。一只栗色小兔子和一只栗色大兔子，它们张开手臂，跳向树梢，望着天空，一心只想要计算出，谁爱谁更多一些。爱，原来可以这样来衡量，接龙游戏似的比喻一个接着一个，天真、智慧、让人发笑，却又是那么温情感人。小兔子不管怎么比，他的爱永远也比不过妈妈来得多、来得高、来得远，最后，他终于在深深母爱的包裹之下睡着了。这样一个简单的故事，却表达了人类最复杂、也是最伟大的一种情感。

2. 学生背景

由于年龄幼小，学生对绘本图书有着浓厚的兴趣。同时，他们也只关注着图画内容，往往忽视了语言文字的作用。以往，学生接触过"讲绘本故事"的比赛，但作为"语言学习"上绘本阅读课还是第一次。

二、教学目标

（1）理解故事内容，感受大兔子和小兔子之间深切的情感及其表达的方式。

（2）联想感悟到父母长辈对自己的爱，懂得感恩。

（3）以绘本为载体，在师生共读中享受阅读的乐趣，从而激发阅读兴趣。

三、教学过程

（一）破谜导入，猜测"爱"

板书：猜猜
读一读这个词语

（二）欣赏封面，感知"爱"

师：今天，我们一起来读一个关于爱的故事。
仔细观察图画，你看到了什么？

（三）共读故事，体验"爱"

师：大兔子背着小兔子使劲一跳，就跳进了我们的故事——

1. 起因
师：仔细看看这幅图，说说图上画了什么？猜猜今天要做什么？

2. 伸手臂
（1）在这幅图画中，你又看到了什么？
（2）谁来做做这个动作？

3. 在接下来的图画中，我们又能看到什么呢？
举手臂——倒立——跳跃——小河

4. 月亮
观察图画，你觉得小兔子会说什么呢？
PPT: 他说："我爱你，_____。"

5. 晚安
在这幅图上，会有什么故事呢？试着用语言描述一下图画内容。
PPT: 大兔子把小兔子放到用叶子铺成的床上。他低下头来，亲了亲小兔子，对他说晚安。
PPT: 然后他躺在小兔子的身边，微笑着轻声地说："如果距离可以衡量爱，那么，我爱你一直到月亮那里，再从月亮上回到这里来。"

（四）联系生活，表达"爱"

（1）你觉得，这是一只怎样的大兔子？

（2）轻轻闭上眼睛，回忆整个故事，你觉得哪一个地方最能体现出大兔子爱小兔子？

（3）孩子，如果今天，现在，给你一个机会，让你对陪伴自己长大的亲人说一句特别重要的话，你会怎么说？

现在，就让我们一起，对在家里的、在岗位上工作的爸爸妈妈们说出我们心里的话——指板书：猜猜我有多爱你！

四、板书设计

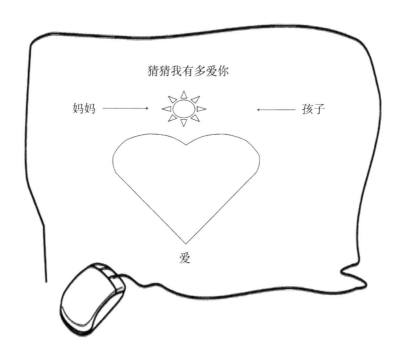

课题：走进安徒生

授课教师：张慧　　　　　　　年级：四年级

授课学科：语文　　　　　　　跨学科相关领域：语文、音乐、美术、动漫

一、教学分析（教材、学情等）

1.教材分析

童话一直是儿童心中最美的梦，在童话中孩子们懂得真善美。将童话以丰富多彩的形式再现，可以使诸方面教育相互渗透、协调发展，促进学生的全面发展和健康成长。

《安徒生童话》是全世界人民的精神食粮，孩子们可以读，大人也可以读，在安徒生童话里，有人世间的酸、甜、苦、辣、咸，各种滋味。

2.学情分析

本班学生能大量阅读课外书，思维活跃，想象丰富，自我表现的欲望较强烈。对童话故事表现出较浓厚的兴趣，并希望把自己所认识的童话跟伙伴们一起分享，还希望通过学科知识来进行创造性学习。但同时，四年级的孩子在童话内容的选择上仍存在无法根据个人能力来确定学习内容的困难；在具体动漫制作的过程中，仍有许多技术难点，这些都需要教师的指导。

二、教学目标

（1）通过语文阅读与音乐、美术、动漫学科的整合，帮助学生理解复述童话内容、感受人物品质。

（2）通过理解故事内容，并根据故事内容选择合适音乐，更好地通过感受音乐的节奏和旋律体会人物情感。

（3）通过对文学作品的深入理解，运用绘画语言进行插图创作，培养学生丰富的形象思维能力和创造力。

（4）发挥学生的想象才能，用多种形式展示自己在童话故事方面的收获，培养培学生听、说、读、写等方面的能力。

三、教学过程

（一）激情导入

在最近两个月的时间里，我们重读了安徒生童话。我们在学习的过程中，有些同学在音乐课上探索了童话的背景音乐；有的小组对创意感兴趣，在动漫课上制作了童话短片；有些同学对童话中的各种人物十分喜爱，就研究了童话人物；还有的小组对安徒生本人非常感兴趣，在课下搜集了作家资料。那么这节课我们就来把各小组探究的内容做一展示。哪个小组先来？

（二）学生展示

1. 安徒生作品小调查

学生介绍在校园 3 ~ 5 年级内调查的内容和结果。

内容：选择下列作品中是安徒生童话的篇目。

结果：90% 以上的学生无法正确辨别安徒生童话。

小结：通过这次阅读，我们班的同学能很好地区分安徒生童话了。还有哪一小组进行展示？

【环节意图】调查哪些篇目是《安徒生童话》，这是许多学生无法确定的，通过这一调查，引发学生思考，激发阅读的兴趣与目的。

2. 安徒生的故事

学生讲安徒生遭遇挫折并不放弃希望的故事。

小结：安徒生就是这样，他的一生遇到了许多坎坷，但从来没有放弃对美好与幸福的追求，他将这种感情融在了自己的作品中。

【环节意图】了解安徒生其人，为进一步感受童话做铺垫。

3. 安徒生童话的创意展示

（1）展示童话动漫。

过渡：那如果作品活了起来会变成什么样？看看同学带来怎样的惊喜。

①展示《坚定的锡兵》动漫绘画的脚本。

②播放自制动画《坚定的锡兵》，并现场配音。

③学生评价哪里留有深刻印象。

小结：同学们说得真好。动漫小组的同学将自己看到的故事结合生活，发挥自己的想象力，用动漫的形式把童话表现出来，令人佩服。

【环节意图】将语文学科与美术、动漫学科整合，更好地了解故事内容，体会了细节描写，同时提高学生想象能力和创造力，初步掌握动画制作的基本流程。

（2）为童话配乐。

过渡：可你们发现这段动漫没有配乐了吗？要知道背景音乐也能表现故事呢。下面的两个小组都给《卖火柴的小女孩》相同片段配了音乐，咱们来当音乐品评师，说说哪段音乐更适合吧。

①汇报音乐与童话人物之间的关系。

②出示两段音乐，学生评价。

③两个同学出示音乐，所有同学评价谁的更好，并说明原因。

④音乐老师来点拨。

⑤伴随音乐感情朗读。

小结：音乐就是文字的另一种载体，它将无声的文字变成有声的音符，引起我们的想象，激发我们的情感。

【环节意图】将语文与音乐学科整合，更好地了解童话故事的氛围和人物心理，同时提高学生鉴赏音乐的能力。

4.安徒生笔下的人物

过渡：现在让我们再次平静心灵，静静地听最后一个小组的汇报。

（1）交流自己喜欢的童话人物或童话故事。

（2）同学们畅谈自己喜欢的人物。

小结：孩子们，就像你们说的那样，在安徒生的故事中总有善良的人，也有邪恶的人，我们每个人都喜欢善良正直的人，因为他们执着地追求着真善美的人生。这样的品质是每个人都喜欢的。

【环节意图】展示体现阅读童话的过程和所得。

（三）提出下一步学习的要求

孩子们，你们还记得开课伊始的那份调查问卷吗？除了安徒生童话以外，还有哪些童话呢？让我们一起看看吧。

我们就利用这种方式，你和小组的同学互相交流，确定下一次研究的作家作品。

小组交流并汇报。

总结：孩子们，在这节课上，我们分享了自己研究学习的成果。接下来，我们也要继续阅读，继续在童话的国度里自由遨游。

四、板书设计

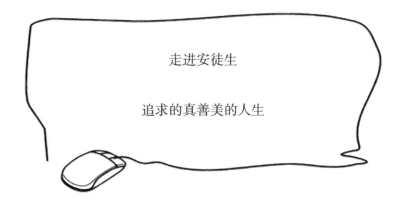

走进安徒生

追求的真善美的人生

课题：我手画我心，共绘我妈妈

授课教师：魏洁　　　　　　　　　**年级**：二年级

授课学科：语文　　　　　　　　　**跨学科相关领域**：语文、美术

一、教学分析

1. 教材分析

《我妈妈》这本书是英国画家安东尼·布朗给妈妈的献礼，作者荣获过 2000 年国际安徒生大奖。该书借着孩子天真、自豪的口吻，描绘了心目中无所不能的妈妈。作者运用对比的句式，形容了妈妈的各个方面。比如，说妈妈的歌声像天使，吼叫起来又像狮子；说妈妈像猫咪一样温柔，又像犀牛一样强悍。此外，他也使用比喻手法，说妈妈美丽得像蝴蝶，柔软得像沙发……通过简单朴实的语言和精心设计的排比句式，有力地陈列了妈妈的日常辛劳，诠释了一位可爱妈妈的形象。

2. 学情分析

绘本对于本班学生来说，是一种十分熟悉的读物。在阅读方式方法上，无需过多介绍。本班学生阅读兴趣高，表达欲望强，相当一部分孩子喜爱绘画，并具有一定的绘画基本能力。借助绘本，仿照作者绘画风格，创作自己心中的妈妈形象，符合本班学生特点。但是语文教师，缺乏专业美术功底，课堂上帮助学生绘制自己心中的妈妈，需要美术学科的支撑。因此，与美术教师携手，教学中给予美术绘画相关指导，让孩子运用美术学科的知识，享受到绘本阅读的滋养的同时，学习作者幽默诙谐、对比夸张的超现实的表达手法，用自己手中的画笔，描绘出心中的感受。

二、教学目标

（1）喜欢阅读，理解图画书中妈妈所变化的形象在实际生活中的意义，

并能够大胆表达。

（2）结合生活实际，发挥想象力，进行图文并茂的创作。构建和谐的课堂氛围，营造和谐的亲子关系。

（3）在自我创作的基础上，结合图画进行有序表达。

（4）教学重难点：学习布朗抓住妈妈特点，并能通过恰当的方式突出妈妈的特点的表达方法。

三、教学过程

1. 爱心导入，回顾全文

（1）这是什么？
（2）它让你想起了哪本书？（板书"我妈妈"）
（3）学生复述故事，回忆全文。

【设计意图】
利用扉页图片，引出图书；利用讲故事的形式，回忆文章内容。

2. 读文赏图，体会表现方式

作者运用了许多生动有趣的事物来表现妈妈的特点。你还记得有哪些吗？
蝴蝶、沙发、狮子……

【设计意图】
利用文本中几个代表性的画面，体会作者表达手法，为自己绘制心中的妈妈做铺垫。

3. 交流自己妈妈的特有代表物品

（1）上节课布置大家回家先观察妈妈，找到她最有代表性的特征或是物品，你找到了吗？
（2）指名交流。

【设计意图】
利用生活实际，在细心观察的基础上，找到最能代表自己妈妈的一个特质，培养学生细致观察的能力。

4. 仿图动笔，勾画妈妈

（1）你爱你的妈妈吗？你的妈妈什么样？说一说她最主要的一个特点。

（2）你希望自己的妈妈成为一个什么样的妈妈呢？

（3）我们心中都有了一个妈妈，怎样可以把我们的妈妈画出来呢？

（4）请刘老师教给大家一些好方法。

5. 美术老师介绍绘画方法

动笔绘画，像安东尼布朗那样画出妈妈，并写上一两句话。

【设计意图】

抓住妈妈特点，借助美术教师的参与，为学生提供绘画技巧，帮助学生绘制出自己的妈妈。

6. 交流升华，评价提高

（1）展示作品并介绍作品，构建和谐课堂氛围，营造和谐亲子关系。

（2）生生互动，评价作品，并进行口语交际训练。

【设计意图】

利用自己的作品，进行口头表达的训练，提高学生口语表达的有序性；利用生生之间的评价，进行口语交际训练。

四、板书设计

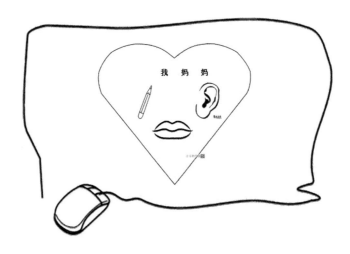

活运案例

主题：定向越野——北宫国家森林公园

指导教师：赵月   年级：五年级

相关领域：语文、数学、英语、科学、体育

一、活动目标

（1）通过定向越野的活动，引导学生加强体育锻炼，提高学生的身体素质，并且倡导学生在活动中感受友好竞争、友谊合作的体育精神。

（2）定向越野不仅考验着学生的体力，亦是智力并重的运动。在活动过程中，可培养学生独立思考的能力、与同伴合力解决困难的能力等。通过其娱乐性丰富课余生活，增进同学之间的感情以及集体凝聚力。

（3）本次定向越野以"绿色、发展、融合、共赢"为宗旨，通过此次活动，让学生体会语文、数学、英语、科学、体育跨学科学习在生活中的实践运用，提升学生的跨学科学习综合能力，促进学生的全面发展。此外，多学科联动的方式亦能促进跨学科之间的更好融合，有助于推动专项课题的研究。

二、活动过程

活动一："成语接龙 我能行"（晚霞亭）

学生以地图为导向，从起点出发，首先到达"晚霞亭"。按照到达的先后顺序，在关卡负责老师处进行"成语接龙"。如春风杨柳、柳暗花明、明媚春光、光芒万丈等。如果该组学生所接成语能够围绕"春天""春色"展开，可奖励"减时"。

【活动意图】

引导学生注重语言积累、运用成语，感受中华汉语词汇的魅力。让成语丰富我们的语言，拓展我们的思维，装扮我们的生活。同时，在竞赛机制下中，也锻炼了学生的思维能力及应变能力。以小组为单位，培养学生的竞争意识与合作能力。

活动二："大家算一算"（北宫山庄）

（1）学生到达第二站"北宫山庄"，以小组为单位，利用数学课本上所学的"比例尺"及其他算数问题来进行实际运用。

（2）具体问题如下：

①根据比例尺计算：从起点到终点的实际距离大概是_____千米。

②公园占地面积：914.5公顷 =_____平方千米（填分数）

③公园彩叶面积3000亩，其中红叶2100亩，红叶占彩叶总面积的_____（填分数）。

【活动意图】

通过本活动，学生能够将书本上所学的基本算式等数学问题应用到生活中，解决生活中遇到的实际问题。与此同时，提升数学思维、增强解决问题的能力。

活动三："植物世界"（三选泉水）

在小学阶段，孩子们学到了很多有关植物的科学知识。那么，走进北宫森林公园，到达三选泉水站，看到满眼的植物，你认识它所属科目等知识吗？

具体内容：学生在公园中寻找六种植物的叶子，贴在表格中，找到其中4样即可过关，包括黄栌、五叶地锦（五叶爬山虎）、桑树、枫树、柳树、刺槐。

植物世界——自然多奇妙		
黄栌	五叶地锦（五叶爬山虎）	桑树

植物世界——自然多奇妙		
枫树	柳树	刺槐

【活动意图】

学生在大自然中识别叶子种类及所属科目，这一活动符合孩子的童心、童趣。在动手和探索的过程中，进行小组合作式的探究性学习和体验式学习，鼓励孩子亲近自然。在体育运动的过程中，培养学生尊重事实、勇于探索的科学精神。

活动四："快乐英语"及"寻宝之旅"（动物园）

学生经过前面三站的活动，进入到终点处"动物园"。每组学生拿着前一站（植物世界）所使用的实践学习单，进入到"快乐英语"天地。每组学生用英语介绍一株植物的各个部分，如根、茎、叶、花、果实等（介绍完毕即可全组过关）。"快乐英语"通关后，学生可在"动物园"休息区进行"寻宝之旅"，学生会遇到"加时"或"减时"的奖惩，增强竞赛的刺激感和悬念性。

【活动意图】

通过这一环节的活动，将英语与科学实践相结合，引导学生在情境中使用语言，提高学生的口语表达能力与语言的综合运用能力。最后的"寻宝"环节，也增强了本次定向越野实践活动的趣味性。

三、活动效果评价

在本次活动中，采用"加时""减时"以及"宝藏"等评价方式。比如，在"成语接龙我能行"关卡，如果学生能够围绕"春"这一主题，便奖励"减时"。在"植物世界"关卡，如果能在规定时间内找到 4 片以上正确的树叶，即可获得"减时"奖励；否则将接受"加时"惩罚。在"寻宝之旅"关卡，利用实物，激发学生对于"寻宝"的积极性和好奇心。

主题： 瑞瑞带你过大年

指导教师： 薛燕菁　　　　　　　　**年级：** 一年级

相关领域： 语文、数学、传统文化

一、活动目标

通过读儿歌、田字格写感受的方式提升学生的语言表达能力，丰富学生阅读素材，激发学生对传统文化习俗的兴趣。同时，引导学生留意假期天气变化，并利用数学单式统计表、条形统计图的相关知识解决生活中简单问题，培养学生灵活运用知识的能力。

二、活动过程

年级内联动是指以年级组为单位多学科教师们共同整合学习资源开展各项活动，如此便可通过学科整合，打破单一学科教学，多学科教师共同合作，使得课堂教学更加鲜活有趣，调动学生的积极性，提升学生多视角下的综合能力。

活动一

1.读一读：卷首语

小朋友们：

我是小猴瑞（ruì）瑞。快乐的寒假生活中，最值得期待的就是过新年啦！你知道今年是什么年吗？答对了，猴年！灵猴献（xiàn）瑞，祝你猴年大吉！

在这份有趣的寒假作业里，瑞瑞将要带你了

解过年的传统（tǒng）习俗（sú），体验过年的独特活动，感受过年的快乐与幸福。你准备好了吗？快跟我来吧！

2. 读一读，背一背

小孩小孩你别馋（chán），

过了腊（là）八就是年。

腊八粥，喝几天，哩（li）哩啦啦二十三。

二十三，糖瓜儿粘（zhān）；

二十四，扫房日；

二十五，炸（zhá）豆腐；

二十六，炖（dùn）白肉；

二十七，宰（zǎi）公鸡；

二十八，把面发；

二十九，蒸（zhēng）馒头；

三十儿晚上熬一宿；

大年初一走一走！

小朋友：

瑞瑞告诉你，一到腊月二十三，年的脚步就一天比一天近啦！这一天，我们该做些什么呢？

【活动意图】

以新年为主题引入传统文化，结合阅读和传统节日的相关知识让学生在巩固拼音、增加阅读量的同时，感受传统文化的魅力，激发兴趣。

活动二

1. 知识窗

腊月二十三又称小年，是中国汉族传统文化中祭（jì）灶（zào）、扫尘、吃灶糖的日子。民谣（yáo）中"二十三，糖瓜儿粘"指的是每年腊月二十三祭灶神，后逐（zhú）渐（jiàn）演化为"二十三，过小年"。旧时，差不多家家灶间都设有"灶王爷"神位。腊月二十三这天，要在神位两旁贴上"上天言好事，下界保平安"的对联，以保佑（yòu）全家老小的平安。

2. 尝一尝，写一写

在腊月二十三这天，请爸爸妈妈为你买来传统的关东糖尝一尝。关东糖又称灶糖、大块糖、麻糖。一年之中，只有在小年前后才有出售。请你写写吃关东糖的甜蜜感受吧！

【活动意图】

图文并茂介绍学生身边年画、对联的来历，在田字格中写下自己的感受，既强调书写规范又锻炼了学生表达能力，开拓思维。

1. 我记录

数学实践活动一：假期天气我知道

记录从腊月二十三到大年初七的天气情况（☀☁☷❀）

日期	2月1日					
天气						

日期						2月14日
天气						

2. 数一数，每种天气有几天？

（　）天　　　　（　）天　　　　（　）天　　　　（　）天

3. 画一画

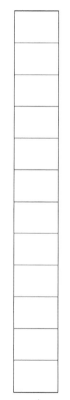 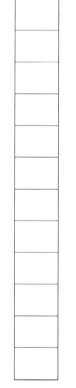 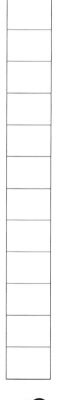 

【活动意图】

引导学生留心身边小事，关注天气变化，辨认晴、阴、雨、雪并利用数学单式统计表和统计图的简单知识统计天气情况，培养学生应用能力。

三、活动效果评价

瑞瑞帮我评一评：

书写认真：

朗读流畅：

观察仔细：

主题：博物馆里过大年

指导教师：李志蕊　　　　　　　　　年级：四年级

相关领域：数学、语文、写字、传统文化

一、活动目标

（1）通过北京民俗博物馆跨学科学习，加深学生对老北京民俗文化的认识、了解和吸收，传承和弘扬优秀传统文化。

（2）在活动中传承传统美德，提高学生的道德认知，培养学生的民族精神。

（3）通过跨学科学习，让学生体会语文、数学、写字等学科知识在生活中的实践运用，提升学生的综合能力，激发学习兴趣，促进学生的全面发展。

（4）通过跨学科学习，感受祖国传统文化的丰厚底蕴，激发对祖国的热爱。

二、活动过程

活动一

同学们，你们打算怎样去北京民俗博物馆？为了北京的蓝天，和爸爸妈妈做一次绿色出行吧！

通过参观，你知道北京民俗博物馆里都有哪些展馆了吗？动手画一画北京民俗博物馆的平面图吧！把你的参观路线用红笔标注在平面图里，让没来参观的同学也能了解这里。

实践活动

【活动意图】

活动开始提示孩子绿色环保出行，从一点一滴渗透对孩子良好习惯、环保意识的培养！参观前先要了解参观平面图，学会制作平面图，把所学数学知识与实践活动相联系，在活动的同时进一步感受知识的实用性！

活动二

> 请你记录这次绿色出行的费用
>
> 交通费（　　　）元，餐费（　　　）元，门票（　　　）元，其他消费（　　　）元，
> 此次活动开销合计（　　　）元

【活动意图】当前家庭环境下，孩子对经济意识比较淡薄，在活动中渗透理财意识，既巩固了数学知识，又培养了孩子的经济意识！

活动三

同学们，参观完北京民俗博物馆，你一定了解很多对联吧！

把你最喜欢的一副对联，写在下面的图里吧！注意要把字写工整呀！

🐾 **实践活动**

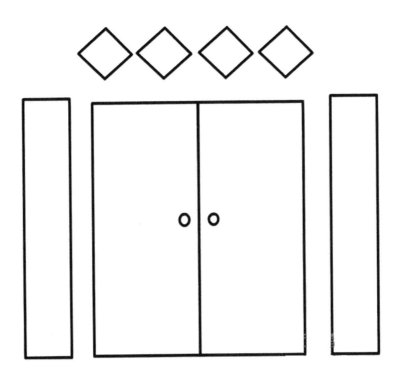

【活动意图】孩子们参观结束，认识了博物馆展出的各方面的知识，在进行此环节，既渗透中国传统文化中的过年的民俗，又可以将书法课所学知识有的放矢地运用，增强了民族自豪感！

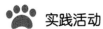

活动四

同学们，参观完北京民俗博物馆，哪些展览给你留下了深刻的印象？现在你就是小导游了，请你根据参观路线，按游览顺序，把最有特色的展馆或展品介绍给大家吧！

🐾 **实践活动**

【活动意图】参观结束了，孩子们一定有许许多多的见闻感受，拿起手中的笔，把所有的收获都记录下来，相信饱含着真情实感的文章一定是最美的！

🐾 **活动效果评价**

（1）和爸爸妈妈简单描述一下你这次活动的收获。

听了孩子的话，我觉得：

（2）和爸爸妈妈简单描述一下你这次活动的心情！

听了同学的话，我觉得：